Propose

온누리교회 맞춤전도집회 자료 모음

당신은 챔피언입니다
: 30대 남성을 위한 전도집회

야망의 30대에게 세상의 진정한 챔피언이 되기 위한 3가지 지혜를 제시하고 또 세상이 줄 수 없는 가치를 제시하여 그 안에서 하나님을 만나도록 한다.

포스터

초콜릿 박스

순서지 앞면

무대 사진

당신에게 프러포즈합니다

: 33-44세 여성을 위한 전도집회

프러포즈를 받던 시절의 설레임과 감동이 결혼 후에 사라지는 것을 안타까워하는 주부들에게
예수 그리스도의 복음의 프러포즈를 통해 새로운 감동을 심어 주자.

포스터

무대 사진

여기 비상구가 있습니다
: 40대 남성을 위한 전도집회

지금 가장 힘든 때를 보내고 있지만 당신의 40년은 훌륭했다.
이제 예수님을 통해 진정한 삶의 비상구를 찾자.
그곳에서 진실된 쉼을 얻고, 비전을 보며, 진실된 친구를 만나 남은 40년을 시작해 보자.

요청지

포스터

목격자를 찾습니다

티저광고

무대 사진   로고

당신은 해바라기입니다
: 55-66세 여성을 위한 전도집회

해바라기처럼 가족을 위해 평생을 누구의 아내로, 누구의 어머니로 살아온 인생.
그래서 자신의 인생임에도 한 번도 주연으로 살아보지 못했던 어머니.
그 어머니가 하나님을 만나면 주바라기 인생이 됩니다.

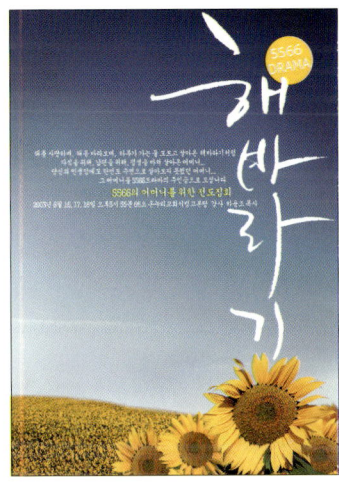

포스터

무대 사진

당신에게 브라보를 외칩니다
: 50대 남성을 위한 전도집회

직장보다는, 세상적 성공보다는, 이제 진정한 인생의 성공을 찾고
가정의 화목을 위해 아내와 자녀와의 관계를 새롭게 정립해 볼 때이다.
하나님과 만나면 브라보 인생이 보인다.

포스터

플래카드

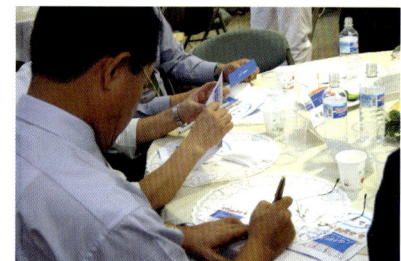

무대 사진

당신의 앙코르를 듣고 싶습니다
: 60대 남성을 위한 전도집회

지금까지 혼자였다면 앞으로는 하나님과 함께할 때 당신에겐 귀한 기회와
하나님의 도우심이 함께할 것이다. 다시 한 번 당신의 인생에 멋진 도전을 하라.
하나님과 함께! 두번째 30대를 위하여!

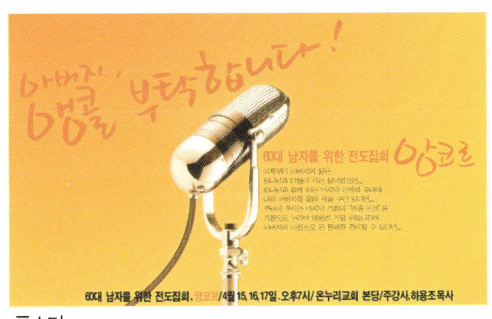

포스터   순서지 표지

결신 카드

무대 사진

Propose
당신을 사랑해도 되겠습니까?

인생의 가장 행복한 순간, 하나님의
프러포즈

인생의 가장 행복한 순간, 하나님의
프러포즈

지은이 | 하용조
초판발행 | 2008. 9. 16
3쇄발행 | 2008. 10. 16
등록번호 | 제 3-203호
등록된 곳 | 서울시 용산구 서빙고동 95번지
발행처 | 사단법인 두란노서원
영업부 | 2078-3333 FAX 080-749-3705
출판부 | 2078-3477

■책값은 뒤표지에 있습니다.
ISBN 978-89-531-1064-9   03230

■독자의 의견을 기다립니다.
tpress@duranno.com   http://www.Duranno.com

두란노서원은 바울 사도가 3차 전도 여행 때 에베소에서 성령 받은 제자들을 따로 세워 하나님의 말씀으로 양육하던 장소입니다. 사도행전19장 8-20절의 정신에 따라 첫째 목회자를 돕는 사역과 평신도를 훈련시키는 사역, 둘째 세계선교(TIM)와 문서선교(단행본 · 잡지)사역, 셋째 예수문화 및 경배와 찬양 사역, 그리고 가정 · 상담 사역 등을 감당하고 있습니다. 1980년 12월 22일에 창립된 두란노서원은 주님 오실 때까지 이 사역들을 계속할 것입니다.

인생의 가장 행복한 순간, 하나님의
프러포즈
Propose

하용조 지음

두란노

차례

프롤로그 • 내 생애 최고의 순간, 하나님의 프러포즈 | 6

 **01** ## 당신은 챔피언입니다
: 30대 남성을 위한 전도집회

첫째 날 • 힘 | 14
둘째 날 • 프로 | 24
셋째 날 • 열정 | 35

 **02** ## 당신에게 프러포즈합니다
: 33-44세 여성을 위한 전도집회

첫째 날 • 사랑 이야기 | 50
둘째 날 • 결혼 이야기 | 65
셋째 날 • 행복 이야기 | 82

 **03** ## 여기 비상구가 있습니다
: 40대 남성을 위한 전도집회

첫째 날 • 쉼 | 104
둘째 날 • 비전 | 116
셋째 날 • 친구 | 130

 ## 04 당신은 해바라기입니다
: 55-66세 여성을 위한 전도집회

첫째 날 • 어머니의 꿈 | **152**
둘째 날 • 어머니의 사랑 | **164**
셋째 날 • 어머니의 이름 | **182**

 ## 05 당신에게 브라보를 외칩니다
: 50대 남성을 위한 전도집회

첫째 날 • 남자의 용기 | **202**
둘째 날 • 남자의 성공 | **217**
셋째 날 • 남자의 사랑 | **226**

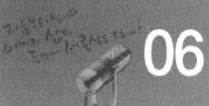 ## 06 당신의 앙코르를 듣고 싶습니다
: 60대 남성을 위한 전도집회

첫째 날 • 아버지의 얼굴 | **244**
둘째 날 • 아버지의 사랑 | **256**
셋째 날 • 아버지의 집 | **268**

> 프롤로그
>
> # 내 생애 최고의 순간,
> # 하나님의 프러포즈

우리 생애 최고의 순간은 사랑하는 이에게 프러포즈를 받을 때일 것입니다. 가슴이 부풀어 오르고 온몸이 날아오를 것 같지요. 그리스도인에게는 그보다 더 좋은 순간이 있습니다. 하나님께 프러포즈를 받는 순간입니다.

저도 하나님께 프러포즈를 받았을 때 너무 좋았습니다. 세상이 온통 새롭게 보이고, '이게 바로 거듭나는 거구나'라고 실감했습니다. 그때부터 하나님의 프러포즈를 전하고 싶었습니다. 많은 사람이 저와 같은 기쁨을 누리길 소원했습니다. 그래서 사랑의 불덩이를 가슴에 품고 하나님의 프러포즈를 전하기 시작했습니다. 그 불은 온누리

교회에 옮겨 붙어 2001년부터 활활 타오르기 시작했습니다.

온누리 교인들은 이리 가도 '전도', 저리 가도 '전도' 온통 전도 이야기뿐이었습니다. 맞춤전도집회가 시작된 것입니다. 우리는 전도에 대한 시각을 달리했습니다. 기업에서 청소기 하나를 팔려고 주부들이 아침 청소를 끝내고 막 쉬려는 시간에 '손쉽게 청소할 수 있는 방법이 있다'며 광고를 내보내는 요즘, 기독교의 전도법이 너무 낡았다고 판단한 것입니다. 우리는 여러 가지 심도 있는 조사 끝에 세 가지 결론을 얻었습니다.

첫째, 일방적으로 선포하는 전도는 안 된다.
둘째, 전도 대상자들의 눈높이에 맞는 문화와 언어로 접근하자.
셋째, 모든 사람이 전도에 참여할 수 있는 장을 만들자.

우리는 이 세 가지 원칙을 가지고 연령별 맞춤전도집회를 계획했습니다. 첫 번째 집회는 당시 가장 힘든 세대였던 40대 남성을 위한 것이었습니다. 우리는 40대 남성의 특성, 고민, 필요, 심리 등을 철저히 조사하고 연구하고 토론을 벌였습니다.

그다음에는 전도대상자 신청을 받고, 그들을 위해 중보기도를 하고, 그들이 좋아할 만한 콘셉트로 초청장을 만들고, 그들과 코드가 맞는 연예인을 초청해서 공연하고, 무대를 꾸미고, 테이블을 세팅하고,

식사를 마련했습니다. 테이블 위에는 그들의 이름이 새겨진 냅킨까지 놓는 등 전도대상자를 최고로 모셨습니다. 그 결과는 감동이었습니다. 초청한 사람이나 초청받은 교인들 모두 감격했습니다. 전도에 은사가 없던 사람도 주차 안내원, 식당 봉사 등을 하면서 영혼 수확의 기쁨을 함께 누렸습니다.

이렇게 시작된 맞춤전도를 통해 지금까지 2만 명 이상이 복음을 받아들였고, 교회 내 소그룹과 해외 맞춤전도까지 합하면 5만여 명에 이릅니다. 2007년부터는 일본 열도를 돌면서 맞춤전도집회를 개최했고, 올해도 대만과 일본의 다른 지역을 돌면서 사도행전 29장을 써나가고 있습니다.

맞춤전도집회는 하나님이 온누리교회에 부어 주신 크나큰 선물이었습니다. 이 감동의 선물을 나눠 드리고 싶어 이 책을 출간하게 되었습니다.

이 책은 맞춤전도집회 때 선포했던 설교를 모은 것입니다. 설교는 맞춤전도집회의 꽃 중의 꽃이었습니다. 이 설교를 하기 위해서 초청장을 만들었고, 무대를 설치했고, 공연을 계획했고, 토론을 벌였고, 기도가 있었습니다.

교인을 포함한 모든 스태프는 이 초점을 잃지 않고, 말씀을 절정에 두고 나머지를 준비했습니다. 그만큼 공을 들인 귀한 선물이기에 같이 나누고 싶습니다. 마음껏 나눠 가시고, 마음껏 퍼 주어 온누리에 전도의 불길이 타오르길 기도합니다.

2008. 9.
하용조

Welcome!
you are the
CHAMPION

야망의 30대에게 세상의 진정한 챔피언이 되기 위한 3가지 지혜를 제시하고
또 세상이 줄 수 없는 가치를 제시하여 그 안에서 하나님을 만나도록 한다.

01
당신은 챔피언입니다

30대 남성을 위한 전도집회

● 30대 남성을 표현하는 단어 ●

불안, 사회의 허리에 해당하는 세대, 변화 가능성이 가장 높은 세대, 방향이 잡히지 않은 세대, 한 가정의 가장이자 조직의 중간 관리자, 소비와 구매 잠재력이 높은 집단, 가장 혼란스러운 20대를 보낸 세대, 중압감, 일에 몰두, 무서움 없이 덤벼드는 시기, 친구들과 연락 두절(일에 몰두해서 친구에게 투자할 시간이 부족함), I will cry tomorrow(힘들지만 성공을 위해 지금을 포기할 수 없음)

● 30대 남성의 특징 ●

가장 왕성하게 경제활동을 하는 시기로, 일과 성공에 대한 열의로 가득 차 있다. 반면 스트레스도 많고 장래에 대한 불안감을 많이 가지고 있다. 40대에 비해 사고 면에서 서구화되고 개인화된 경향이 있지만, 감각적인 20대에 비해선 보수적이다. 40대는 자동차보다는 집, 20대는 집보다 자동차, 30대는 집일 수도 자동차일 수도 있다는 절충적이고 모호한 의식을 보여 주고 있는 세대다.

● 30대 남성의 필요 ●

① 사회적 필요
30대는 정보, 지식, 인격, 기술 부분의 습득과 보충을 원하는데 그것을 이룰 수 있는 마지막 시기라고 보고 있다. 속도를 낼 수 있는 엔진에 관심이 많다.

② 심리적 필요
자기 마음의 가장 깊은 고민과 필요가 무엇인지 잘 모르는 세대다. 이는 반대로 영감을 발휘할 수 있는 마지막 시기라는 말이다. 30대는 모든 문제를 벤처 방식으로 접근하고 주도할 수 있는 세대다. 새로운 패러다임에 대해 열정을 갖고 받아들일 수 있는 잠재력을 가졌다.

③ 가정적 필요
나 자신에 대한 개념이 첫 번째 우선순위인 경우가 많고, 가정이나 자녀는 두 번째 개념이다. 결혼하면서 현실에 치이고 자신이 마모된다고 느끼기 시작하는데, 특히 30대 중반에는 이런 감정이 고조된다. 결혼은 일생일대의 전환기이므로 모든 것이 불안하다. 가정에서는 아버지, 밖에서는 직장의 일원, 아내의 남편이라는 새로운 역할에 부담감을 느끼기 시작한다.

④ 경제적 필요
30대는 40대가 되기 전에 재정적인 안정권에 들어가야 한다는 '이상'과 의식주를 기본적으로 해결해야 한다는 '현실' 사이에 있다. 30대는 자신이 하고 싶은 것을 할 수 있는 돈이 있었으면 좋겠다고 생각하는데 대부분 실행에 옮기지 못한다. 90년대 이후 사회구조가 신분상승이 어려워지면서 소위 성공 혹은 '떼돈'에 대한 환상이 큰 반면에 빚도 많은 편이다. 즉 30대는 두려움은 많지만 잃을 것이 없으므로 도전도 해보기 원하는 세대다.

⑤ 영적 필요
30대는 세상적인 성공을 추구하기 위한 야망을 품은 채 설계도면을 놓고 고민한다. 속도에 대한 갈증이 크기 때문에 방향에 대한 정확도가 가장 떨어지는 시기다. 이런 이유로 자신의 인생 방향과 영적 갈증을 해소해 줄 수 있는 절대적인 기준에 대한 내면적 불안도 높은 편이다.

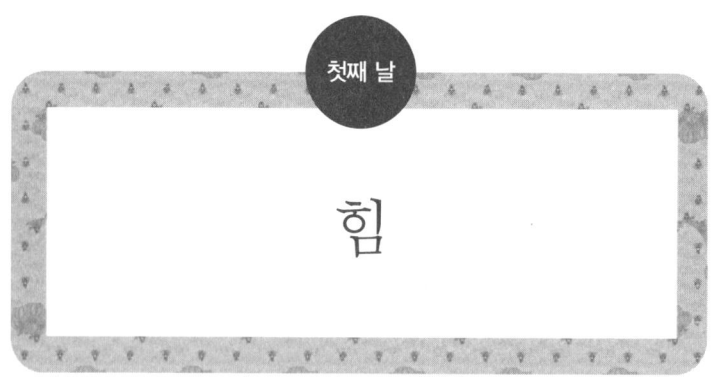

현대인을 유혹하는 세 가지 우상

현대인의 마음을 사로잡고 있는 것을 세 가지 꼽으라면 돈, 섹스, 권력이라고 말할 수 있습니다. 우선 돈의 경우, 요즘 가계대출이 급격히 늘어 심각한 상태일 뿐 아니라 카드 빚 때문에 사람을 죽이거나 강도 짓을 하는 기사를 종종 보게 됩니다. 돈만 있으면 무슨 일이든 할 수 있다는 사고방식을 가진 사람에게 돈은 하나님만큼 위력을 가진 존재입니다. 실제로 많은 사람이 돈 문제에서 자유롭지 못합니다.

또한 섹스는 현대인의 영원한 환상이라고 생각됩니다. 성(性)보다 더 매력적이고 유혹적인 환상이 어디 있겠습니까! 많은 사람이 성을 팔아 돈을 벌고, 돈을 이용해 성을 삽니다. 어쩌면 섹스는 현대인에게 위장된 천국일지도 모릅니다. 그렇다 보니 성 문제로 괴로워하는 사람이 많습니다.

마지막으로 권력인데, 사람들은 권력의 마력에 쉽게 사로잡힙니다. 권력은 현대인의 목표가 되기도 하는데, 권력을 잡으면 돈과 섹스가 함께 따라오기 때문입니다. 사람들은 "권력은 날아가는 새도 떨어뜨린다"고 말합니다. 현대를 살아가는 우리의 마음속에는 이 세 가지 돈과 섹스, 권력이 서로 엉켜 파도처럼 넘실대고 있는지도 모릅니다. 그럼 이 위험한 파고가 최대치를 이루는 때가 언제입니까?

개인적으로 30대가 아닌가 생각합니다. 30대는 인생의 첫 번째 실험 무대입니다. 20대에는 보통 대학 생활과 군복무를 끝내고 결혼을 합니다. 그리고 맞이하는 30대는 학문의 이상(理想), 가정과 결혼이라는 꿈, 사회적 성공에 대한 야망이 부풀어 오르는 시기입니다. 이런 이유로 30대엔 누구나 챔피언이 되고 싶어 합니다. 여기저기서 얻어 터져도 챔피언이 되고 싶다는 생각을 버리지 못합니다.

반면 30대는 대학 때 가졌던 생각과 결혼에 대한 이상이 짓밟히는 때이기도 합니다. 때로는 성공에 대한 성취감에 환호성을 지르고 경쟁 상대를 눌렀다는 생각에 우쭐거리기도 하지만, 30대 후반에 접어들면 좌절과 실패와 상실감을 경험하게 됩니다. 게다가 장밋빛 환상으로 시작한 결혼과 가정생활은 알 수 없는 혼돈을 겪으면서 잦은 부부싸움으로 이어지기도 합니다. 서로의 생각이 그토록 다르고, 사랑이라는 이름으로 서로를 그토록 억압할 줄 몰랐던 것입니다. 어느덧 가정에는 어두운 그림자가 드리우기 시작하고 "나만은 꼭 성공할 것이다" "나는 다른 사람과 다르다"는 의욕이 가득했던 직장 생활에 회의가 찾아옵니다. 그러다가 허약하고 무능한 자기 존재를 확인하기도 합니다.

> 30대에는 완성된 작품을 기대할 수 없습니다. 인생 전체를 놓고 보면 이제 겨우 시작이고, 첫 무대입니다. 넘어졌다면 다시 일어나고 실패했으면 다시 시작해야 합니다.

또한 이상적이고 고결했던 인생 목표가 자신도 모르는 사이에 비겁한 욕망으로 변해 버립니다. 더구나 그것을 합리화하고 타협하면서 점점 속물이 되어 가는 자신을 발견하게 됩니다. 거짓을 싫어하고 정직하게 살겠다며 정의를 부르짖던 20대의 모습은 온데간데없고, 생활에 찌든 자신의 모습을 발견하게 됩니다. 이것이 바로 30대의 모습이 아닐까요?

삶에 도사리고 있는 함정

30대에게 하고 싶은 말이 있습니다. 첫 번째, 실패를 너무 두려워하지 말라는 것입니다. 사람은 누구나 일단 기가 한번 꺾이면 쉽게 자포자기하는 경향이 있습니다. 그러나 인생은 영원한 미완성입니다. 더욱이 30대에는 완성된 작품을 기대할 수 없습니다. 인생 전체를 놓고 보면 이제 겨우 시작이고, 첫 무대입니다. 30대에 겪는 실패는 실패가 아닙니다. 30대에 하는 절망은 절대 절망이 아닙니다. 넘어졌다면 다시 일어나고 실패했으면 다시 시작해야 합니다. 모든 것을 잃었다면 미련 없이 새롭게 시작해야 합니다.

두 번째, 어떤 어려움과 아픔, 고난이 있어도 이상과 목표를 잃어버리지 말아야 합니다. 사람에게 가장 중요한 것은 목표이고 비전입니다. 진짜 무서운 것은 고난이 아니라 비전을 잃어버리는 것입니다. 비전을 잃어버린 사람은 짐승과 다를 바 없습니다. 사람과 짐승의 차이는 여러 가지가 있겠지만, 그중 짐승에게는 꿈이 없다는 것이 가장 큰 차이가 아닐까 싶습니다.

짐승에겐 먹는 것과 종족 보존이 중요합니다. 그러나 사람에게 가장 소중한 것은 꿈과 비전입니다. 꿈을 잃어버리면 모든 것을 잃어버린 것과 마찬가지입니다. 이상과 비전을 가지고 있을 때, 목표를 잃어버리지 않을 때 사람은 모든 것을 잃었다고 해도 다시 일어설 수 있습니다. 이런 의미에서 볼 때 인생에서 중요한 것은 속도가 아닌 방향입니다. 방향이 분명하게 잡혀 있다면 다시 시작할 수 있지만 방향을 잃어버리면 그건 아주 심각한 상황입니다.

세 번째, 가정을 소중히 여겨야 합니다. 사실 30대에는 사람보다 일을, 가정보다 직장을 우선순위에 두는 경향이 있습니다. 그렇다 보니 자연스럽게 가정을 소홀히 하게 됩니다. 열심히 직장 생활을 하다 보면, 아내나 아이들과 보내는 시간이 줄어들게 됩니다. 아내와 아이들을 사랑하지만 함께하는 시간이 적은 때가 바로 30대입니다. 그러나 30대에 가정을 지키지 않고 아내에게 상처를 주게 되면 40대에 큰 대가를 치르게 됩니다. 아내의 인내심이 바닥나는 때가 찾아옵니다.

가정은 직장이나 성공보다 소중합니다. 그 어떤 것과 비교할 수 없는 인생의 보금자리입니다. 아내로부터 사랑과 신뢰를 받지 못한다면 버림받은 것과 마찬가집니다. 동료나 친구한테 인기가 있어도 집에 돌아왔을 때 "아빠" 하고 안기는 아이가 없다면, 위로해 주는 아내가 없다면 그는 실패한 사람입니다. 그럼에도 30대는 속도감에 취해 가정의 소중함을 간과합니다. 계속 액셀러레이터를 밟기 때문에 문제를 인식조차 하지 못합니다. 그래서 문제들이 곪았다가 40대에 터지게 되는 겁니다. 가끔씩 아내를 위한 장미꽃을 준비하고 가족과 함께 휴가를 보내면 어떨까요? 당신이 진정으로 매력적인 남성이 되길 바랍니다.

네 번째, 건강을 지켜야 합니다. 30대부터는 건강관리를 해야 합니다. 나는 30대에 일에 미쳐 지내면서 밤샘을 하는 등 건강에 신경을 쓰지 않았습니다. 결국 40대에 들어서면서 그 값을 톡톡히 치렀고, 50대에는 간암 수술을 세 번이나 받았습니다. 건강관리를 안 한 결과 지금 당뇨와 고혈압으로 고생하고 있습니다. 만약 술과 담배를 한다면 당장 끊어야 합니다. 40대에 끊겠다고 생각한다면 그때는 이미 늦습니다. 아무리 거대한 이상을 지녔다 해도 건강을 잃는다면 꿈을 이룰 수가 없습니다. 2, 30대에는 몸을 혹사해도 잠만 자고 일어나면 기운이 펄펄 납니다. 그러나 그것은 몸에 위기를 쌓고 있는 것입니다.

30대에 만나야 할 삶의 동반자, 예수

마지막으로 가장 중요한 것이 있습니다. 인생의 방향과 비전, 가정, 건강, 직장 등 30대에 생각해야 할 것이 많지만, 이것보다 훨씬 더 중요한 것이 있습니다. 바로 하나님입니다. 30대에 하나님을 만나야 합니다. 인생의 첫 실험무대인 30대에 하나님과 예수 그리스도를 만날 수만 있다면, 40대 이후의 삶 속에서 그 무엇과도 비교할 수 없는 엄청난 축복을 누리게 될 것입니다.

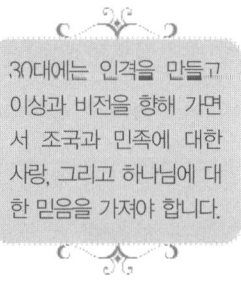

30대에는 인격을 만들고 이상과 비전을 향해 가면서 조국과 민족에 대한 사랑, 그리고 하나님에 대한 믿음을 가져야 합니다.

그러나 30대는 하나님을 믿기에 그리 쉬운 때가 아닙니다. 우선 자신과 자신의 일을 사랑하고 여기에 열중하느라 시간이 없고 자만심으로 꽉 차 있습니다. 건강하고, 패기 있고, 의기충천한 이 시기에 하나님을 찾기란 쉬운 일이 아닙니다. 하지만 하나님을 만나기 가장 어려운 시기에 하나님을 만나고, 예수 그리스도를 인생의 주인으로 모신다면 인생이 완전히 바뀝니다.

우리는 예수님을 만나야 합니다. 예수님은 30대에 인류사에서 가장 결정적이고 위대한 일을 감당하셨습니다. 따라서 오히려 30대는 하나님을 생각하고 영혼을 생각할 시기라고 할 수 있습니다. 30대에 하나님을 만나 현실에만 집착하지 말고, 영원을 생각하는 축복받은 사람이 되길 바랍니다. 또한 30세에 애굽의 총리가 된 요셉을 보면 30대는 하나님을 생각하는 나이, 조국과 민족을 생각하는 나이라고도 여겨집니다. 조국의 운명을 진지하게 생각하며, 이 나라를 변화시키는 사람이 되길 바랍니다.

현실적으로 볼 때 30대는 건강과 가정, 직장에서 기초를 닦는 동시에 개인적으로 인격을 연마해야 하는 시기입니다. 나이 40이 되면 자기 얼굴에 책임을 져야 한다는 말이 있습니다. 그 말은 30대를 어떻게 살았느냐에 따라 40대의 인상이 결정된다는 의미입니다. 돈을 묵상하는 사람의 얼굴은 꼭 100원짜리 동전같이 생겼습니다. 매일 돈만 생각하다 얼굴에 돈독이 오른 것입니다. 술을 묵상하는 사람, 매일 일이 끝나자마자 술집에 달려가는 사람들의 얼굴을 보면 술꾼이라고 씌어 있습니다. 그런 사람의 눈은 초점을 잃은 채 항상 충혈되어 있습니다. 또한 여자를 많이 묵상하는 사람도 얼굴에 그것이 나타납니다. 생각과 내면에 담긴 것이 겉으로 드러난다는 말입니다.

하나님을 묵상하는 것보다 더 위대한 사상은 없습니다. 30대에 하나님과 조국을 생각하며 인격을 만들어 나간다면 40대에 가서 그 모든 것이 얼굴에 나타납니다. 자신의 얼굴에 사기꾼이나 도둑놈 같은 인상, 우울한 그늘이 나타나기를 바라지는 않을 겁니다. 나이가 들어도 얼굴에 순수한 열정이 드러나야 합니다. 30대에는 인격을 만들고 이상과 비전을 향해 가면서 조국과 민족에 대한 사랑, 그리고 하나님에 대한 믿음을 가져야 합니다.

길, 진리, 생명이신 그분의 귀한 초대

예수님은 30대에 죽으셨습니다. 그는 아무것도 소유하지 않았으며, 그의 삶은 권력으로부터 자유로웠습니다. 예수님은 세상의 권력을 갖지 않았지만 하나님이 그에게 하늘의 권력을 주셨습니다. 예수님은 십자가를 선택하셨고, 자기 자신을 내주셨습니다. 우리를 위해 자기 자신을 십자가의 제물로 내어 놓으신 예수님, 그때 예수님의 나이는 서른셋이었습니다.

그러면 그 진정한 힘은 어디에서 나온 것입니까? 우리 안에 있는 힘은 실로 파괴적인데, 이는 미워하고 시기하고 분노하고 질투하는 힘입니다. 반면 위로부터 오는 힘은 사랑하고 용서하고 헌신하는 힘입니다. 당신은 이 중에서 어떤 힘을 선택하겠습니까? 다음 성경구절을 읽어 보길 권합니다.

"예수께서 이르시되 내가 곧 길이요 진리요 생명이니 나로 말미암지 않고는 아버지께로 올 자가 없느니라"(요 14:6).

예수님은 "I am the way"라고 했습니다. "a way"가 아니었습니다. 예수님은 "내가 길 중에 하나다"라고 하지 않으시고 "내가 길이다"라고 말씀합니다. 또한 그분은 "a truth" 진리 중 하나가 아니라 "the truth" 유일한 진리이십니다. 그리고 예수님은 우리 인생의 유일한 생명이십니다.

우리는 진리에 대해 어떤 태도를 취해야 합니까? 받아들여야 합니다. 하나 더하기 하나는 둘인데, 처음 배울 때 이것을 일일이 따져서 믿은 건 아닙니다. 여러 가지 논리로 증명해서 믿게 된 게 아니라는 말입니다. 그냥 하나 더하기 하나는 둘이라고 믿었습니다. 마찬가지로 하나님은 따진다고 해서 믿을 수 있는 것이 아닙니다. 그냥 믿어야 합니다. 하나님은 우리를 사랑하십니다. 그리고 그 하나님의 아들이 바로 예수 그리스도이십니다. 예수님은 우리를 위해 십자가에 못 박혀 돌아가셨고, 우리를 위해 부활하셨습니다.

그런 예수님 앞으로 당신을 인도하고 싶습니다. 우리의 인생을 결정적으로 바꾸어 주실 분을 소개하고 싶습니다. 그분을 통해 후회 없는 30대, 영광스런 30대를 보내길 바랍니다. 30대는 인생이라는 나무의 뿌리입니다. 뿌리는 겉으로 드러나지 않지만 열매를 보면 그 존재를 알 수 있습니다.

인생의 열매는 40대에 나타납니다. 인격의 열매, 믿음의 열매, 가정에 주시는 축복의 열매를 40대에 거두게 될 것입니다. "콩 심은 데 콩 나고 팥 심은 데 팥 난다" "심는 대로 거둔다"라는 말에서 알 수 있듯 30대에 하나님을 만나길 바랍니다. 그리고 예수 그리스도를 구주로 영접하길 바랍니다.

> 30대는 인생이라는 나무의 뿌리입니다. 뿌리는 겉으로 드러나지 않지만 열매를 보면 그 존재를 알 수 있습니다.

인생의 진정한 프로는 누구인가

프로(Professional) 하면 누가 떠오릅니까? 그리고 어떤 모습이 떠오릅니까? 먼저 거짓되고 잘못된 프로들을 살펴보겠습니다. 첫 번째는 독재자인데, 그들은 역사를 어지럽히고 왜곡시키고 수많은 사람을 괴롭혔습니다. 그들은 힘을 가졌지만 그것을 다른 사람들이 아닌 자기 자신을 위해 사용했습니다. 자기 이익을 위해 다른 사람을 이용한 사람이 독재자라고 생각합니다. 이런 시각에서 보면 역사 속의 독재자뿐 아니라 실제 우리 주변에도 가족이나 친척, 친구를 이용하는 사람이 많다는 생각이 듭니다.

두 번째는 영웅인데, 그들은 독재자와는 다릅니다. 영웅들은 비전과 인격을 지니고 있으며, 자신을 희생하기도 합니다. 역사를 살펴보면 영웅이 주도했던 때가 종종 있습니다. 세 번째는 요즘 '프로'라고 지칭되는 이들로 스타가 있습니다. 스타는 유명한 사람이긴 하지만 영웅도 독재자도 아닙니다. 이동원 목사는 스타를 스스로 타락한 사람이라고 정의하기도 했는데, 어찌 됐든 빌 게이츠, 마이클 조던, HOT, 싸이 등도 스타라고 말할 수 있습니다. 스타라고 부를 때는 그 사람의 나이나 인격은 그리 중요하지 않습니다. 다만 유명한 사람인가 아닌가로 그 사람을 평가할 뿐입니다.

마지막으로, 제목에 내세운 '챔피언'도 프로의 의미를 갖고 있습니다. 챔피언은 어느 분야에서 정상을 달리는 사람, 탁월한 사람을 가리킵니다. 특히 스포츠에서 챔피언이라는 단어를 많이 사용하는데, 보통은 역경과 가난, 고난과 실패를 극복한 사람들을 가리켜 챔피언이라고 부릅니다.

그러면 과연 진정한 챔피언은 누구일까요? 직장이나 직업에서도 프로나 챔피언이 있겠지만, 인생에서의 챔피언은 누구일까요? 예수 그리스도는 진정한 챔피언, 프로입니다. 그러므로 이 질문을 천국 가는 것과 연관시켜 봅시다. 우리는 가정생활이나 건강관리에 실패할 수도 있지만 천국 가는 문제만큼은 실패해선 안 됩니다. 인생의 구원 문제에서는 절대 실패해선 안 됩니다. 이 땅에서 오래 산다고 해도

80~100년입니다. 죽으면 세상의 모든 것이 끝난다고 생각합니까? 돼지나 소 등 짐승이 죽듯, 인간도 죽으면 생명이 끝난다고 생각합니까? 사람은 죽어도 모든 것이 끝나지 않습니다. 사람에겐 사후 세계가 있습니다. 자살한다고 해도 모든 것이 끝나는 게 아닙니다.

30대에 생각할 것들

우리 인생에는 돈, 섹스, 권력이 큰 영향을 미칩니다. 돈을 사회학적으로 표현하면 비즈니스라고 말할 수 있는데, 돈 그 자체가 나쁜 것은 아닙니다. 돈을 많이 벌어 가난한 사람을 돕고 장학금도 주는 등 좋은 일에 쓴다면 그보다 더 좋은 일은 없습니다. 성, 섹스는 결혼 안에 있어야 합니다. 성은 하나님이 주신 아름다운 선물인데, 그것을 올바르게 사용하지 않으면 죄가 됩니다. 또한 권력을 사회학적으로 풀면 정부인데, 이는 사회 조직의 하나입니다. 우리는 이런 비즈니스, 가정, 사회에서 성공하고 싶어 합니다. 자신의 야망을 채우기 위한 성공이 아니라 그 분야에서 인정받고 그로 인해 보람을 느끼고, 가치 있는 삶을 만들어 가고 싶어 한다는 말입니다.

따라서 20대가 대학을 졸업하고 사회에 나갈 준비를 하는 과정이라면, 30대는 현실이라는 무대에 첫발을 내딛는 실험적 단계라고 볼 수 있습니다. 30대는 인생의 첫 실험무대이기에 진정한 목표와 비전은 미래의 것이며, 희망도 오늘이 아닌 내일에 있습니다. 그러므로 어떤 어려움과 역경, 실패가 있어도 여기서 주저앉으면 안 됩니다. 가장 중요한 것은 하나님이 우리를 이 세상에 보내신 이상과 목표를 우리의 삶과 일치시키는 것입니다. 돈을 벌고 사회적으로 성공하는 것보다 우리의 이상과 목표, 비전을 하나님의 것과 일치시키는 게 더 중요합니다.

속도보다 중요한 것은 방향이고, 성취보다 중요한 것은 의미이며, 쾌락보다 중요한 것은 감동입니다. 우리는 쾌락을 추구해서는 안 됩니다. 우리 일에는 감동이 있어야 하고 눈물이 있어야 합니다. 자신의 인생에 대해 스스로 감동을 느낄 수 있어야 합니다. 자신의 일에서 실패했든 성공했든 간에 감동이 있어야 합니다. 그리고 소유보다 중요한 것은 나눔입니다. 소유는 행복의 척도가 될 수 없습니다. 인간은 많이 가질수록 그 존재에 불안감을 느낍니다. 돈이 많아질수록, 명예를 많이 가질수록, 지위가 높아질수록 불안지수가 높아집니다. 이것을 나눌 때 비로소 평안함을 느끼게 됩니다.

30대에 간과하기 쉬운 게 가정인데, 방송국의 한 프로그램에서 가정에 관해 조사해 보니 결혼한 지 5년 미만의 부부 이혼율이 50퍼센트였습니다. 이는 오늘날의 가정이 거친 파도 속에서 얼마나 휘청거

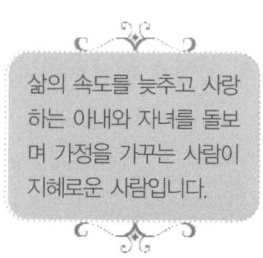

삶의 속도를 늦추고 사랑하는 아내와 자녀를 돌보며 가정을 가꾸는 사람이 지혜로운 사람입니다.

리고 있는지를 단적으로 보여 줍니다. 혹시 가정에 상처를 안고 있습니까? 그러면 딛고 일어나길 바랍니다. 아내는 당신이 이용할 대상이 아닙니다. 가정 역시 당신의 성공을 위한 희생물이 아닙니다. 나이가 들어 4, 50대에 남는 것은 가정밖에 없습니다.

또 한 가지 건강을 소홀히 해서는 안 됩니다. 2, 30대에는 건강이 그리 큰 문제가 되지 않지만 이때부터 휴식을 생각해야 합니다. 삶의 속도를 늦추고 사랑하는 아내와 자녀를 돌보며 가정을 가꾸는 사람이 지혜로운 사람입니다.

30대의 파고를 잠재우는 법

30대에 가장 중요한 것은 하나님을 만나는 일입니다. 하나님을 만나는 일은 참으로 즐겁습니다. 세상의 재미를 다 합쳐도 예수님을 믿는 재미만 못할 것입니다. 신나고 흥분되어 밤잠을 설칠 정도입니다. 20대 젊은 시절에는 밤새도록 하나님과 예수님에 대해 이야기하고 싶었습니다. 하나님은 우리 인생의 방향이요, 목적이요, 꿈입니다. 아니 우리 인생의 전부라고 말할 수 있습니다. 땅에서는 내가 주인공이지만 영원의 세계에서는 그분이 주인공이십니다. 땅에서의 삶은 순간이지만 영원의 세계는 끝이 없습니다.

어떤 사람은 예수님을 믿어도 떳떳하게 믿고 싶다고 말합니다. 실패하고 병들고 죽게 되었을 때 믿는다는 것이 자존심 상한다고 말합니다. 하지만 인간은 떳떳하게 믿을 만큼 그렇게 괜찮은 존재가 아닙니다.

그러면 어떻게 해야 하나님을 만날 수 있습니까? 사실 예수님을 싫어하는 사람은 한 사람도 없을 것입니다. 제대로 말하면 예수 믿는 사람들이 싫어서 예수님이 싫다는 것입니다. 교회가 하는 일이 꼴 보기 싫어서 교회에 안 나오는 것입니다. "하나님이 싫어! 예수는 사기꾼이야!"라고 말하는 사람을 본 적이 있습니까? 주변에 있는 예수 믿는 사람들이 자신한테 상처를 주고 교회가 자신을 실망시켰기 때문에 하나님도 싫고 예수님도 싫다고 말하는 것입니다. 그러나 중요한 것은 주변이 아닌 핵심, 바로 자신입니다.

고아원에 사는 한 아이가 있습니다. 그 아이는 하늘에서 떨어졌거나 땅에서 솟아나지 않았습니다. 누군지는 모르지만 그 아이에게도 부모가 있을 것입니다. 자라면서 그 아이는 '과연 내 아버지, 어머니는 누구일까?'라는 생각을 하면서 부모를 찾으려고 할 것입니다. 부모의 사랑을 받지 못했지만, 그 아이에겐 낳아 준 부모가 반드시 있습니다. 외국에 입양된 아이들이 성장해 자기 뿌리를 찾고자 고국을 찾아오는 경우를 종종 보게 됩니다. 어디엔가 낳아 준 부모가 있을 거라고 생각하기 때문입니다.

우리 인간을 만드신 분이 분명히 있습니다. 우리가 모를 뿐이고 만난 적이 없을 뿐입니다. 그래서 하나님을 믿든 안 믿든 간에 우리 영혼의 깊은 곳에는 하나님에 대한 그리움, 하나님에 대한 목마름이 있습니다. 그러면 어떻게 해야 하나님을 만날 수 있습니까? 간단히 생각하면 됩니다. 하나님은 철학적으로 말해야 만나 주시는 분이 아닙니다.

예를 들어 어떤 학생이 철학과에 진학했는데, 어느 날 집에 돌아와 어머니에게 "오, 내 생산의 모체이시여!"라고 말했다고 해서 그 어머니가 더 위대해집니까? 오히려 그 어머니는 "학교 갔다오더니 이상해졌구나"라고 할 겁니다. 어머니라는 말 속에는 그 모든 의미가 들어 있습니다. 하나님이라는 말 안에는 하나님이 존재하십니다. 그것을 철학이나 신학적으로 해석하려고 해서는 안 됩니다.

하나님을 만나기 위해서는 간단하게 "하나님, 만나고 싶습니다"라고 말하면 됩니다. "하나님, 당신을 잘 모릅니다. 육체를 지닌 인간은 아니시지만 저는 하나님을 꼭 만나고 싶습니다"라고 말하면 됩니다. 하나님은 육체가 아닌 영이시므로 인간의 모습을 하고 있진 않지만, 자신을 유추해서 보면 하나님을 유추해 볼 수도 있습니다. 아들에게는 아버지인 나의 DNA가 있듯, 내 안에는 하나님의 모습이 들어 있습니다.

하나님은 때론 외롭고 불안하고 두렵고 죄책감을 느끼고 좌절하고 때로는 사랑하고 감동하는 우리를 전인격적으로 만나 주십니다. 우리 눈을 만드신 하나님이 우리의 눈을 보고 계십니다. 우리 귀를 만드신 하나님이 우리의 소리를 들으십니다. 우리 가슴을 만드신 하나님은 우리의 감정을 알고 계십니다. 그리고 우리를 만나고 싶어 하십니다. 그런 하나님은 다만 손으로 만질 수 있는 형체를 지니시지 않았을 뿐입니다.

케이블 텔레비전을 볼 때 케이블을 꼽지 않으면 선명한 영상이 나오지 않지만, 일단 케이블만 꼽으면 깨끗한 영상이 나옵니다. 우리가 생각하는 하나님은 계시긴 한 것 같은데 선명하게 보이지 않습니다. 그건 우리가 하나님이라는 영상을 못 잡고 있기 때문입니다. 그냥 "하나님 만나고 싶습니다"라고만 말하면 됩니다. 그때 한 분이 함께 오시는데, 그분이 바로 예수님이십니다. 놀라운 것은 케이블 텔레비전 수상기에 꼽는 순간 깨끗한 영상이 나오듯, 예수 그리스도를 영접하고 그분을 믿게 되면 우리 영혼 안에 기막힌 영상이 나타납니다. 그리고 우리가 상상할 수 없었던 세계, 감동과 기쁨, 충격이 거짓말처럼 생활 속에서 일어납니다.

> 사탄이라는 거대한 세력은 지성이나 이성, 권력으로 절대 이길 수 없습니다. 우리의 능력으로는 이기지 못합니다. 오직 하나님의 말씀으로만 이길 수 있습니다.

30대에 두 번의 위기에서 승리하신 예수님

예수님께도 위기가 있었습니다. 33년 동안 두 번의 커다란 위기를 맞으셨습니다. 30세에 공생애를 시작해 33세에 마치신 예수님도 30대에 위기를 맞았다고 말할 수 있습니다. 그 첫 번째 위기는 사탄한테서 시험을 받으신 것입니다. 예수님은 40일 동안 금식하셨는데, 사탄이 찾아와서 "네가 만일 하나님의 아들이어든 명하여 이 돌들로 떡덩이가 되게 하라"(마 4:3)고 유혹하며 예수님을 육체적으로 시험했습니다. 그때 예수님은 "사람이 떡으로만 사는 것이 아니요 하나님의 입으로부터 나오는 모든 말씀으로 살 것이라"(마 4:4)는 말로 그 유혹을 물리치셨습니다.

그러자 마귀는 예수님을 데리고 성전 꼭대기로 올라가 "네가 만일 하나님의 아들이어든 뛰어내리라 기록되었으되 그가 너를 위하여 그의 사자들을 명하시리니 그들이 손으로 너를 받들어 발이 돌에 부딪치지 않게 하리로다"(마 4:6)라고 유혹했습니다. 마귀가 이처럼 예수님의 자존심을 자극해도 그분은 넘어가지 않으셨습니다. 오히려 예수님은 "주 너의 하나님을 시험하지 말라"(마 4:7)고 하셨습니다. 그러자 마귀는 세 번째로 예수님을 데리고 높은 산으로 올라가 온 세상을 보여 주면서 "내게 엎드려 경배하면 이 모든 것을 네게 주리라"(마 4:9)고 했습니다.

오늘날 사탄에게 자신의 영혼을 팔고 성공하는 사람을 볼 수 있습니다. 특별히 음악을 하는 사람들의 경우, 자신의 영혼을 귀신에게 팔아넘긴 대가로 타락한 음악을 하는 사람이 많습니다. 자기 영혼을 팔아 부자가 된 사람도 많습니다. 세 번째 유혹에 대해 예수님은 "사탄아, 물러가라"고 하셨습니다. 예수님이 받으셨던 유혹과 위기는 바로 사탄의 공격이었습니다. 물론 예수님은 모두 이겨 내셨습니다. 이처럼 30대가 되면 위기가 찾아옵니다. 사탄이 물질에 대한 우리의 생각과 명예, 신앙심을 시험할 것입니다.

그리고 이 시험보다 더 심각한 것은 예수님이 생애를 마감할 때 또 한 번 있었습니다. 예수님은 십자가를 지기 전에 감람산으로 올라가 기도하셨습니다. 예수님은 "하나님, 제가 꼭 이 십자가를 져야 합니까? 이 잔을 피할 수는 없습니까?"라고 기도하셨습니다. 이것은 예수님 자신과의 싸움이었습니다. 사탄과의 싸움보다 더 무서운 것은 바로 자신과의 싸움입니다. 세상에서 가장 무서운 적은 세상도, 상사도, 돈이나 섹스, 명예도 아닙니다. 바로 자기 자신입니다. 프로라면 자신을 잘 통제할 줄 알아야 합니다.

예수님은 십자가를 지기 전 이 잔을 피할 방법이 없는지 고민하면서 기도하셨습니다. 땀이 피가 되도록, 그것도 한 번이 아닌 세 번이나 기도하셨습니다. 그리고 마지막에 "아버지여 … 내 원대로 마시옵고 아버지의 원대로 되기를 원하나이다"(눅 22:42)라고 하셨습니다.

예수님은 사탄과의 싸움은 말씀으로 이기셨고, 자기와의 싸움은 기도로 이기셨습니다. 사실 사탄이라는 거대한 세력은 지성이나 이성, 권력으로 절대 이길 수 없습니다. 우리의 능력으로는 이기지 못합니다. 오직 하나님의 말씀으로만 이길 수 있습니다. 또한 사탄보다 더 무서운 자기와의 싸움 역시 우리의 인내나 수양, 노력으로 이길 수 없습니다. 기도를 통해서만 나 자신을 이길 수 있습니다.

예수님은 30대에 두 가지 위기를 모두 극복해 내셨습니다. 그리고 십자가에 못 박혀 돌아가심으로써 우리를 구원하셨습니다. 우리는 이런 예수님을 만나야 합니다. 살아 계시며 실존하시는 하나님을 받아들이기 위해서는 먼저 예수 그리스도를 만나야 합니다. 예수님은 2천 년 전 팔레스타인 땅에서 태어나셨고, 십자가에 못 박혀 돌아가셨습니다. 예수님은 우리가 만질 수 있고, 볼 수 있고, 말할 수 있을 뿐 아니라 우리와 똑같은 감정을 지니셨던 분입니다. 이런 예수님을 마음의 문을 열고 초청해야 합니다.

예수님을 영접하면 예전에는 상상할 수 없고, 이해할 수 없던 일이 우리 안에서 일어납니다. 마음속에 있던 모든 분노와 미움이 사라지고, 예전에는 용서할 수 없던 일을 용서하게 됩니다. 거절하기보다는 이해하고 받아들이게 됩니다. 화를 내고, 속상해하며, 스스로에게 상처를 주던 일이 사라집니다. 우리 영혼에 성령의 봄바람이 불기 시작하면서 말과 생각이 변해 가는 자신을 발견하게 될 것입니다.

셋째 날

열정

챔피언의 덕목, 열정

열정이라는 단어를 들을 때마다 가슴이 뜨거워집니다. 잘생겼고 학벌도 좋지만 만나 보면 차디찬 가슴밖엔 없는 사람이라면 별로 가까이 하고 싶지 않을 것입니다. 열정이 없는 사람, 열정이 식어 버린 사람은 사막과 같습니다.

아무리 뛰어난 재능을 가졌다 해도 열정이 없다면 아무것도 이룰 수가 없습니다. 진리에도 반드시 열정이 있어야 한다고 생각합니다. 열정이 없는 진리는 생각할 수 없고, 열정이 없는 집단은 아무런 힘도 발휘하지 못할 것입니다.

"열정이 없다" "열정이 식었다"라는 말은 "죽었다" "죽어 가고 있다"는 의미를 내포하고 있습니다. 심장이 뛰는 살아 있는 사람은 가슴이 따뜻해야 합니다. 남자를 지칭할 때 가장 멋진 말 중의 하나가 "가슴이 따뜻한 남자"라고 생각합니다. 혹시 "냉혈동물 같다" "저 사람은 감정이 없다" "면도칼 같다"라는 말을 듣는다면 참으로 심각한 일입니다. 어찌 되었든 "열정이 없다"는 말은 그 사람의 인생이 사막처럼 삭막하고 무의미하다는 뜻입니다.

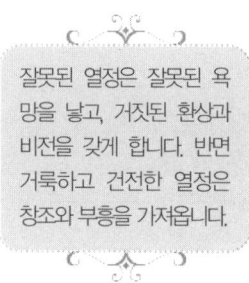

잘못된 열정은 잘못된 욕망을 낳고, 거짓된 환상과 비전을 갖게 합니다. 반면 거룩하고 건전한 열정은 창조와 부흥을 가져옵니다.

그런 의미에서 열정은 에너지라고 말할 수 있습니다. 아무리 좋은 자동차도 에너지가 없다면 그것은 그림의 떡에 불과합니다. 아무리 아름다운 꽃도 생명력이 없다면 조화에 불과합니다.

무엇인가에 열정적으로 빠져 있는 사람을 볼 때가 있습니다. 특히 음악이나 그림, 문학 등에 푹 빠진 사람들이 있는데, 이들은 명작을 만들어 냅니다. 정치나 혁명에서 열정을 가진 사람들을 투사라고 부릅니다. 또한 테레사 수녀처럼 열정적이고 헌신적인 사람의 이야기를 듣거나 사진을 보면 그 열정에 빠져들기도 합니다. 이것이 진정한 열정입니다. 이런 열정의 클라이맥스가 순교라고 생각합니다. 순교의 피가 있을 때 그 역사는 새로워집니다. 그리고 열정을 가진 사람만이 순교할 수 있습니다.

물론 열정이 잘못되고 왜곡되어 역사를 어둡게 만든 일도 많습니다. 공산주의, 잘못된 종교적 신념(자살 폭탄 테러를 '지하드'라는 열정의 이름으로 표현하는 등)은 모두 왜곡된 열정에서 비롯된 것입니다. 니체, 스탈린, 히틀러 등은 잘못된 이데올로기에 대한 열정으로 역사를 어둡게 만들었습니다. 이처럼 잘못된 열정은 결국 역사와 인류를 파괴하고 멸망시킵니다.

부부생활에서도 남편이나 아내가 잘못된 열정을 가지면 그 가정은 여지없이 파멸하고 맙니다. 잘못된 열정은 잘못된 욕망을 낳고, 거짓된 환상과 비전을 갖게 합니다. 반면 거룩하고 건전한 열정은 창조와 부흥을 가져옵니다.

눈처럼 순수하고 위대한 열정의 소유자

인류 역사상 가장 아름답고 순교적인 열정을 가진 사람은 누구일까요? 예수 그리스도가 바로 그런 분이라고 생각합니다. 지금까지 만난 사람들 중에, 읽어 본 책들 중에, 좇아가고 싶은 사람들 중에 이처럼 큰 비전과 위대한 열정을 가진 분은 없습니다. 내 인생에서 가장 위대하고 큰 축복은 예수님을 만난 것입니다. 그래서 예수님을 누구에게나 어디에서나 담대하게 소개할 수 있습니다.

예수님의 생애를 생각해 봅시다. 33년이라는 짧은 세월을 사셨던 예수님은 큰 소리로 연설하거나 웅변하지 않는 조용한 분이셨습니다. 성경에 보면 예수님은 늘 조용하고 호수 같은 분으로, 남을 억압하거나 조종하지 않으셨습니다. 하지만 예수님은 세상을 뒤엎을 만한 구원의 열정을 갖고 계셨습니다. 온유와 겸손과 함께 온 세상을 뒤엎고 온 인류를 변화시키고도 남을 뜨거운 열정과 사랑을 지니셨습니다. 예수님은 가장 음란하고 흉악한 사람들을 변화시켰고, 귀신 들린 사람들의 정신을 온전케 하셨습니다.

예수님은 평생 팔레스타인 땅을 떠나지 않으셨지만, 자신을 한 번도 보지 못한 사람들에게 공간을 초월해 영향력을 미치셨습니다. 33년밖에 살지 못하셨지만 시대를 초월해 2천 년의 인류 역사에 가장 큰 영향력을 행사하셨습니다.

초라하게 살다가 마지막엔 십자가에 못 박혀 죽으셨던 예수님이 나의 마음속에서 다시 살아나 나를 목사로 만드셨습니다. 그리고 많은 사람을 변화시키고, 그들의 삶 속에서 부활을 경험하도록 하셨습니다. 이 모든 것은 바로 예수님 안에 있는 거룩한 열정, 거룩한 에너지, 거룩한 생명력으로 일어난 일입니다.

예수님은 자신의 거룩한 열정을 여러 사람을 향해 나타내셨습니다. 먼저 예수님은 병든 사람들을 무척 사랑하셨고, 수많은 병자(혈우병자, 앉은뱅이, 귀머거리, 봉사, 나병환자, 손 마른 자, 혈기 마른 자 등)를 친히 만나 주셨습니다. 그리고 그들의 병을 고쳐 주셨습니다. 인간이 고치기가 힘든 귀신 들린 병도 고쳐 주셨습니다. 예수님은 귀신에게 인격을 억압당한 채 비참하게 살아가는 어둠의 자식들을 고치시고 위로하고 구원해 주셨습니다. 당신도 이런 경험을 할 수 있기를 바랍니다.

우리 안에 있는 어둠의 세력들, 즉 우리의 의지로는 통제할 수 없는 부분이 있습니까? 꿈에 어둠의 그림자가 나타나는 것을 어떻게 우리의 의지로 막을 수 있습니까? 우리의 무의식 세계 속에 있는 잠재된 상처를 누가 치유하겠습니까? 약으로도 고칠 수 없고, 의사도 고치지 못합니다. 인간 내면에 자리 잡은 깊은 불안을 치유할 사람은 아무도 없습니다. 하지만 예수님은 그런 사람들을 만나 치유해 주셨습니다.

또한 예수님은 버림받은 사람들에게 많은 애정을 쏟아 부으셨습니다. 남편이 다섯이나 되었던 여자, 돈은 많았지만 멸시를 받았던 세리, 창녀, 귀신 들린 자, 간음하다 현장에서 붙잡힌 여자를 예수님은 인격적으로 만나 주셨습니다.

예수님의 행적 중 제자들의 발을 씻어 주셨던 장면을 생각하면 특별한 감동이 밀려옵니다. 예수님은 제자들과 마지막 식사를 하시던 중 갑자기 대야에 물을 떠 가지고 와서 제자들의 발을 한 명씩 씻겨 주셨습니다.

나는 이 사건에 상당한 충격을 받았습니다. 하나님의 아들이신 그분이 인간의 발을 닦아 주셨다는 사실에 참으로 놀랐습니다. 그리고 더 충격을 받은 것은 마음만 먹으면 나도 할 수 있다는 사실이었습니다. 앉은뱅이를 일으키고 죽은 사람을 살리지는 못하지만, 다른 사람의 발은 닦아 줄 수 있습니다.

열정의 또 다른 이름, 죽음에 이르는 사랑과 용서

여러 가지 열정 중에서 가장 깊이 있는 것은 무엇입니까? 다른 사람을 용서하는 열정이 아닐까 생각합니다. 원수를 용서하고 사랑하는 것은 아무나 할 수 있는 일이 아니기 때문입니다. 과거 공산주의자들이 "노동자여, 일어나라!"라는 구호로 인간의 마음속에 있는 분노에 불을 지르자 전 세계의 반 이상이 빨갛게 물들었습니다. 분노와 파괴심, 복수심을 자극하면 그런 감정을 통해 열정과 힘이 표출됩니다. 나치가 유대인을 죽였던 것처럼 무자비하고 잔인한 열정을 만들어 내기도 합니다.

그러나 진정한 열정은 복수와 미움, 분노를 용서로 바꾸어 사랑하는 것입니다. 이런 에너지와 열정보다 더 본질적이고 깊은 것은 없습

> 진정한 열정은 복수와 미움, 분노를 용서로 바꾸어 사랑하는 것입니다. 이런 에너지와 열정보다 더 본질적이고 깊은 것은 없습니다.

니다. 왜 많은 사람이 예수님 앞에 가면 눈물을 흘리고 감동을 받습니까? 예수님 안에 이런 열정이 있기 때문입니다. 그래서 우리는 그분과 관련된 책이나 말씀을 읽을 때마다 깜짝 놀라게 됩니다. 우리는 분노, 다른 사람과 비교하는 마음, 남보다 많이 가지려는 욕심, 승부욕, 성적 본능 등의 열정을 갖고 있습니다. 더 나아가 이를 갈면서 복수의 칼을 들이대기도 합니다. 우리한테서는 자신의 인생을 망가뜨린 사람을 용서하는 열정을 발견하기가 어렵습니다. 그러나 예수님은 이런 우리와는 다른 삶을 사셨습니다.

개인적으로 예수님의 기도하시는 모습을 보고 깊은 감동을 받았습니다. 예수님은 새벽에 기도하셨습니다. 하나님의 아들인 예수님은 기도할 필요가 없었습니다. 죄가 없으셨기 때문에 죄인들이나 받는 세례를 받으실 필요도 없었습니다. 또한 죄인이 지는 십자가를 지실 필요도 없었습니다. 그런 수모를 당할 필요가 없었다는 말입니다. 그러나 그분은 그 모든 것을 담당하셨습니다.

새벽에 일어나는 사람들을 살펴보았더니 그중 청소하는 사람, 골프 치는 사람, 낚시 가는 사람이 많았습니다. 이들과 또 다른 이유로 새벽을 여는 사람들이 있는데, 바로 새벽기도에 가는 사람들입니다. 새벽에 일어나는 열정은 똑같지만 그 속성과 방향은 완전히 다릅니다.

또한 예수님은 밤새 기도하셨는데, 클럽에서 밤새 춤을 추고 술을 마시는 열정을 지닌 사람들이 있습니다. 이들에겐 밤을 새우는 열정은 있지만, 그것은 밤새 기도하는 열정과는 완전히 다릅니다.

예수님은 새벽을 여는 열정, 밤을 새우는 열정을 가진 분이셨습니다. 미움과 복수, 분노와 파괴의 열정이 아니라 용서와 사랑의 열정을 지닌 분이셨습니다. 자신을 죽이고 남에게 피해를 주는 열정이 아니라 자신을 통해 주변 사람들이 살아나고 회복되는 열정을 가지셨습니다. 당신은 어떤 열정을 소유하기 원합니까? 나는 겟세마네 동산에서 땀이 피가 되도록 기도하셨던 예수님의 모습을 늘 마음에 담고 있습니다. 이런 열정의 세계가 있다는 걸 모든 사람이 알게 되기를 소원합니다.

예수님의 열정에서 클라이맥스는 역시 십자가 사건일 것입니다. 예수님은 십자가를 지실 때 두 손과 두 발을 못 박히셨고, 머리에는 가시 면류관을 쓰셨습니다. 그리고 허리는 창에 찔리셨습니다. 예수님이 십자가에 매달려 있는 모습은 하나의 조각품이 아닙니다. 그 십자가 고난의 클라이맥스에서 예수님이 신음처럼 외치셨던 한마디가 무엇인지 압니까? 그건 바로 "나의 하나님, 나의 하나님 어찌하여 나를 버리셨나이까"(막 15:34)였습니다. 하나님과 자신이 단절되는 것을 경험하는 것, 하나님이 자신을 외면하고 버렸다는 막막함과 절망을 경험하셨던 겁니다.

우리 인간도 버림받았다는 느낌이 들면 비참한 심정일 텐데, 예수님은 그 거절당하고 버림받는 고통을 십자가에서 겪으셨습니다. 하나님께서 자신을 외면하는 참담한 고통을 겪으면서 그분은 십자가에서 죽으셨습니다. 이것이 바로 예수님의 열정입니다.

이런 열정을 만나기만 한다면, 우리의 생애는 짐승 같은 삶에서 전혀 다른 모습으로 바뀔 것입니다. 사실 인간은 누구나 짐승 같은 구석이 조금씩 있습니다. 겉으로는 모두 멀쩡한 것 같지만, 사람은 누구나 내면에 짐승 같은 모습을 숨기고 살아갑니다. 내 아내가, 내 가족이 그런 모습을 보지 못할 뿐입니다. 우리 안에 일어나는 감정이 겉으로 모두 드러난다면 그것이 거룩한 모

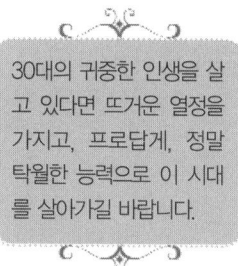

30대의 귀중한 인생을 살고 있다면 뜨거운 열정을 가지고, 프로답게, 정말 탁월한 능력으로 이 시대를 살아가길 바랍니다.

습일 거라고 장담할 수는 없습니다. 그러나 이런 우리도 예수님을 만나면 아름답고 거룩하고 순결한 열정을 가질 수 있습니다.

또한 예수님의 열정은 부활에서도 발견할 수 있습니다. 예수님은 죽은 지 사흘 만에 부활하셨는데, 그때 사랑하는 제자들에게 나타나서 "너희에게 평강이 있을지어다 … 성령을 받으라"(요 20:21-22)고 하셨습니다. 또한 마지막에는 "하늘과 땅의 모든 권세를 내게 주셨으니 그러므로 너희는 가서 모든 민족을 제자로 삼아"(마 28:18-19)라고 하셨습니다. 그리고 나서 제자들이 보는 앞에서 하늘로 승천하셨습니다.

여기서 우리는 열정의 또 다른 면을 보게 됩니다. 열정은 다른 말로 죽음이라고 할 수 있습니다. 어떤 일을 할 때 죽을 만큼의 열정을

가지고 하라는 뜻입니다. 당신이 직장에 다니든, 사업을 하든지 간에 각자의 분야에서 생명을 걸고 살아가길 바랍니다. 연봉 얼마로 우리의 인생이 결정된다면 참으로 비참한 일입니다. 세 끼의 밥을 먹기 위해, 목구멍이 포도청이라 일할 수밖에 없다면 그것은 너무 비참합니다. 하는 일 때문에 죽을 수도 있다는 그런 열정을 가져야 합니다. 그때 당신은 그 분야에서 챔피언이 될 수 있습니다.

진정한 챔피언, 예수 그리스도

인류의 역사에서 유일한 챔피언은 예수 그리스도 한 분이십니다. 예수님은 인류를 위해 죽으셨는데, 그분은 죽음과도 거래할 수 있었기 때문입니다. 예수님이 챔피언이셨던 것처럼 그분을 만난 사람은 땅이 아닌 하늘의 챔피언이 될 수 있습니다. 보이는 것의 챔피언이 아니라 보이지 않는 것의 챔피언이 될 것입니다. 예수님이 당신을 분노와 미움의 화신, 복수의 화신, 세상적인 욕망의 화신이 아니라 사랑과 용서, 화해의 챔피언으로 만들어 주실 겁니다.

30대의 귀중한 인생을 살고 있다면 예수님을 만나십시오. 그리고 뜨거운 열정을 가지고, 프로답게, 정말 탁월한 능력으로 이 시대를 살아가길 바랍니다.

Propose
DREAM OF LIFE

예수님은 새벽을 여는 열정, 밤을 새우는 열정을 가진 분이셨습니다. 미움과 복수, 분노와 파괴의 열정이 아니라 용서와 사랑의 열정을 지닌 분이셨습니다. 자신을 죽이고 남에게 피해를 주는 열정이 아니라 자신을 통해 주변 사람들이 살아나고 회복되는 열정을 가지셨습니다. 당신은 어떤 열정을 소유하기 원합니까?

Propose

프러포즈를 받던 시절의 설레임과 감동이 결혼 후에 사라지는 것을 안타까워하는 주부들에게 예수 그리스도의 복음의 프러포즈를 통해 새로운 감동을 심어 주자.

02
당신에게 프러포즈합니다

33-44세 여성을 위한 전도집회

● 33-44세 여성을 표현하는 단어 ●

낀 세대, 방황, 소외감, 채워지지 않는 욕구, 정열과 꿈과 이상을 가진 세대, 안정과 성취를 향하여 나아감, 딩크족(double income, no kids, 의도적으로 자녀를 두지 않고 맞벌이를 하는 고소득 부부), 결혼, 골드미스, 피오나 주부(아침과 저녁엔 살림을 하고, 낮에는 취미나 사회활동에 전념), 돌싱족(이혼 후 돌아온 싱글족), 사회적 지위를 얻는 시기, 고학력 주부

● 33-44세 여성의 특징 ●

자기계발에 많은 노력을 기울이며, 결혼과 육아에 대한 부담감을 갖고 있다. 일과 가정 사이에서 늘 갈등하며 육체적 · 정신적 · 경제적 방황을 겪는다.

● 33-44세 여성의 필요 ●

① 사회적 필요
고학력 주부가 많다 보니 가정에만 매어 있기를 원하지 않고, 기회만 되면 사회에 나가 경제활동과 자아실현을 하기 원한다. 결혼과 육아에 대한 부담감으로 결혼을 기피하고 사회적 성공과 여유를 좇는 골드미스가 많다. 자기주장이 강하고 경제활동에 대한 자신감이 있어서 이혼에 대한 두려움이 적다. 이들은 사회적으로 성공하기를 원하고, 경제적으로도 여유 있기를 원한다.

② 심리적 필요
사회활동을 원하지만 학벌에 비해 적절한 대우를 받지 못하는 데 대한 분노가 있다. 반면 사회활동으로 인해 상대적으로 자녀와 가정에 소홀한 데 대한 죄책감을 가지고 있다. 또 결혼하지 않은 골드미스들은 경제적으로나 시간적으로 여유가 있지만 안정에 대한 끝없는 욕구를 갖고 있다.

③ 가정적 필요
자아실현을 끊임없이 갈망하지만 남편의 사랑과 자녀의 올바른 성장을 바라며, 가정이 행복해지길 그 무엇보다 원한다. 결혼하지 않은 사람도 오붓한 가정에 대한 동경을 갖고 있다.

④ 경제적 필요
자녀들의 성장에 따른 교육비의 과다 지출로 경제적으로 여유롭지 못하며, 남편의 월급만으로 생활하기 어려워서 늘 경제적인 풍요를 갈구한다.

⑤ 영적 필요
아내, 어머니, 며느리, 직장인으로서 항상 분주하므로 누구보다 평온해지고 싶고, 안정감을 찾고 싶어 하는 나이이다. 영원히 변치 않고 내 편이 되어 줄 누군가를 찾고 싶어 하기 때문에 복음을 전하기에 적절한 연령대다.

낀 세대의 방황

　34~44세의 여성들은 지금 특별한 시간을 보내고 있습니다. 20대나 30대 초반은 아직 이상이나 열정을 포기하지 않은 나이이고, 40대 후반과 50대는 일반적으로 안정되고 성숙과 성취가 이루어진 나이라고 볼 수 있습니다. 하지만 34~44세에 해당하는 나이는 소위 낀 세대라고 말할 수 있습니다. 그래서 중간 지점에 있는 이 나이를 한마디로 정의하면 '방황'이 아닐까 싶습니다. 이때에는 정신적·육체적 방황을 겪거나 경제적 방황을 겪게 됩니다. 방황과 소외감, 채워지지 않는 불만 등 부정적인 단어로 이 연령대를 특징지을 수 있다는 말입니

다. 그러나 긍정적으로 보면 이 나이는 아직도 정열과 꿈과 이상을 가지고 있으며, 안정과 성숙과 성취를 향하여 나아가는 인생에서 클라이맥스 같은 시간이라고 볼 수도 있습니다. 당신은 지금 인생에서 엄청난 모험도 할 수 있고 축복의 시간도 가질 수 있습니다.

그래서 '프러포즈'라는 단어를 썼는데 이미 경험했겠지만 한 남자한테서 사랑의 프러포즈를 받았을 때, 결혼의 프러포즈를 받았을 때 얼마나 감동적이고 기뻤습니까! 그러나 그런 시간과 감정은 오래 가지 않습니다. 얼마 지나지 않아 배신과 실망과 상처를 동시에 경험하게 됩니다. 그러면 배신하지 않는 사랑, 변하지 않는 사랑, 꿈과 이상이 실현되는 그런 사랑이 존재할까요?

이 질문에 답하기에 앞서 우리는 사람의 프러포즈가 아니라 하나님의 프러포즈를 생각해 봐야 합니다.

사랑, 그 영원한 명제

사실 사랑이란 말처럼 흔한 말은 찾아보기 힘들 것입니다. 문학도 음악도 연극도 역사도 사랑이라는 주제를 빼면 아무것도 이루어지지 않을 것입니다. 사랑이란 말을 빼면 결혼도 가정도 자녀도 모두 무너지고 말 것입니다. 이만큼 중요하기 때문에 사랑이라는 말이 거짓으로 난무하고 있는지도 모르겠습니다. 그동안 어떤 목적을 이루기 위해 사랑이라는 단어를 얼마나 남용해 왔습니까!

그래서 "사랑에 울고 사랑에 속고"라는 말들을 하는가 봅니다. 사랑이 이처럼 흔하게 쓰이면서 진정한 사랑은 찾아보기 어렵고 가장 느끼기 어려운 단어가 되어 버렸습니다. 왕년에 사랑 한번 안 해 본 사람이 어디 있겠습니까? 그런데 진짜 사랑을 해 보았느냐, 진짜 사랑을 받아 보았느냐는 질문에는 모두 멈칫하게 됩니다. 진짜 사랑을 경험하는 게 흔치 않은 일이 되었기 때문입니다.

종교라는 것이 무엇입니까? 사랑에 목마른 사람들이 만든 의식입니다. 이혼이란 무엇입니까? 사랑에 배신당한 사람들의 상처 자국입니다. 가출이란 무엇입니까? 사랑에 상처받은 아이들의 잘못된 호소입니다. 폭력과 음란이란 무엇입니까? 사랑의 변태적 행위입니다. 우리는 진짜 사랑을 받고 싶고 진정한 사랑을 하고 싶은데 사랑이라고 붙잡고 보면 막상 아니라는 것입니다. 진짜 같은데, 비슷했는데 아니란 말입니다. 살아 봤는데 아니란 말입니다. 그래서 사랑이라는 감정에 배신감이 따라다니고, 소외감도 있고 섭섭함도 있습니다.

누군가가 "거짓말이라도 좋으니 사랑한다고 말해 주세요"라고 말했듯이 차라리 속고 또 속고 싶은 것입니다. 그래서 나라가 위기에 처하고 사회가 이렇게 혼란스럽고 가정이 붕괴되고 이혼율이 급격하게 높아지고 정신분열증과 우울증을 가진 사람이 늘어나는 것입니다. 특히 오늘날의 사회는 전반적으로 우울증에 빠져 있으며, 약이 없으면 잠을 이루지 못하는 지경에 이르렀습니다.

이런 일이 일어난 원인의 중심에는 진정한 사랑을 주고받지 못한 데서 오는 결핍이 자리 잡고 있지 않나 하는 생각이 듭니다. 진정한 사랑, 절대적인 사랑, 완전한 사랑, 방황하지 않는 영원한 사랑을 세상에서 만나지 못했기 때문입니다.

언젠가 이런 글을 본 적이 있습니다. 어느 교수가 유행가 가사를 조사해 봤더니 주된 내용이 세 가지로 압축되었는데, 첫째가 사랑에 대한 이야기였다고 합니다. 깨어진 사랑, 불륜의 사랑, 사랑해서는 안 될 사랑 등을 주제로 가사를 쓰면 히트했다고 합니다. 그래서 "사랑해선 안 될 사람을~"이라는 노래가 널리 불렸는지도 모르겠습니다. 공감하는 사람이 많다는 것입니다.

> 진짜 사랑을 해 보았느냐, 진짜 사랑을 받아 보았느냐는 질문에는 모두 멈칫하게 됩니다. 진짜 사랑을 경험하는 게 흔치 않은 일이 되었기 때문입니다.

두 번째는 잃어버린 고향, 떠나온 고향을 노래하면 눈물이 핑 돌고 가슴에 와 닿는다고 합니다. "고향이 그리워도 못 가는 신세~"라는 가사 한 마디에 가슴이 찡해 온다는 겁니다.

세 번째는 인생의 허무와 고독을 주제로 삼으면 사람들이 쉽게 공감한다고 합니다. "인생은 나그네길~"이라는 노래가 좋은 예일 것입니다.

이 모든 것이 무엇을 의미합니까? 그렇게 사랑을 원했는데 사랑이 없고, 고향을 그리워했는데 고향이 없고, 인생의 의미를 찾았는데 허무했다는 것입니다. 그래서 사람들은 이루지 못한 사랑 때문이라고 불륜을 합리화하고, 사랑 때문에 그랬다고 불륜을 정당화합니다.

또한 영혼에 대한 불안감을 해결하기 위해 끊임없이 현실에 집착합니다. 현실에 대한 집착이 돈에 대한 집착으로 나타나기도 하는데, 그런 의미에서 3, 40대와 돈은 깊은 관련을 가진 주제입니다. 돈 없어도 괜찮다고 자신 있게 말할 수 있습니까? 돈쯤이야 초월하고 살 수 있다고 말할 수 있습니까?

쉽게 대답할 사람은 찾아보기 힘듭니다. 얼마나 많은 사람이 돈을 묵상하며 사는지 모릅니다. 이것이 현실에 대한 집착입니다. 영혼에 대한 불안함이 현실의 집착으로 나타나고, 거기서도 인생의 의미를 찾지 못하면 자살하거나 막 살기도 합니다. '왜 사는지?'에 대한 해답을 갖지 못하면 살 의미가 없으므로 사람은 쉽게 타락합니다.

존재 그 자체로 의미 있는 진정한 사랑

우리가 하는 사랑이 촛불이라고 한다면 태양 같은 사랑이 있습니다. 태양이 없을 때는 촛불이 전부인 것처럼 생각되지만, 태양이 뜨면 촛불은 필요하지 않습니다. 깊은 밤이 지나면 새벽이 오는데, 밝아 오는 새벽은 어느 누구도 막을 수 없습니다. 우리의 인생에도 새벽이 필요합니다. 이제 밤은 지나가야 합니다. 머리 아프고 고독하고 외롭고 무섭고 불안한 밤, 캄캄한 밤이 지나가고 닭 울음소리와 함께 동이 터야 합니다. 우리의 인생에도 동이 트기를 바랍니다. 새벽이 오는 것을 아무도 막지 못하듯 진짜 사랑도 반드시 존재합니다.

모든 문학작품의 주제가 사랑입니다. 《노트르담의 꼽추》《접시꽃 당신》 등은 모두 사랑을 이야기하고 있습니다. 그래서 남의 이야기일망정 진실한 사랑 이야기를 들으면 눈물이 납니다. 인간의 정신병 치료제는 바로 사랑입니다. 우울증 치료제도 사랑입니다. 불안 치료제도 사랑입니다. 그런데 우리가 하는 사랑 중에 가짜가 많습니다. 가짜인지 진짜인지는 자신만 압니다. 자신은 가짜이지만 타인에게는 자꾸 온전한 사랑을 요구합니다. 진정한 사랑이 있다면 그것은 어떤 것입니까?

첫 번째, 영원해야 됩니다. 사랑하다가 도중에 20년, 30년만 하고 끝난다면 그건 진짜 사랑이 아닙니다.

두 번째, 절대적이어야 합니다. 상대적이라면 그것은 진짜 사랑이 아닙니다. 왜 우리는 목마름을 느낍니까? 어느 한 순간 진짜였던 것이 시간이 갈수록 아니라는 것입니다. 그래서 불안하고 외롭고 겁이 나는 것입니다. 누군가가 정말 사랑해 줬다면 안심하고 내 인생을 맡길 텐데 예전의 상처 때문에 또 배신당하고 싶지 않은 것입니다.

세 번째, 조건이 없어야 합니다. 대부분의 사람이 말하는 사랑에는 예쁘다든지 돈이 있다든지 지식이 있다든지 매력이 있다든지 조건이 붙습니다. 심지어 부모가 자식을 사랑할 때도 조건적으로 사랑하기 때문에 아이들이 상처를 받는 것입니다. 부모가 사랑하지 않아서 상처를 받는 것이 아니라 아이들의 입장에서 부모의 사랑에 조건이 붙기 때문에 상처를 받습니다. 공부 잘하면, 말 잘 들으면 더 사랑받을 거라는 사실을 알고 있으므로 그 기준에 다다르지 못하면 어떻게 하나 하는 생각에 아이들은 불안에 떱니다.

사람의 사랑에는 이처럼 조건이 붙습니다. 얼굴이 예뻐서 결혼했는데 살다가 불이 나서 얼굴에 화상을 입었다면 어떻게 하겠습니까? 여자가 돈이 있고 집안이 좋아서 결혼했는데 집안이 망했다면 그 사랑은 계속될 수 있습니까? 권력을 갖고 싶어 결혼했는데 권력의 자리에서 물러나도 그 사람을 사랑하겠습니까? 결혼해서 장애를 가진 아이를 낳고 이혼하는 사람을 많이 봤습니다. 그게 사랑입니까? 장애를 가진 아이를 낳든, 화상으로 얼굴이 미워졌든, 처갓집이 망했든, 원했던 목표를 잃어버렸든 간에 사랑을 계속할 수 있었다면 이처럼 큰 상처를 받지 않을 것입니다.

진정한 사랑은 끝없이 주는 것입니다. 주고받는 것은 사랑이 아니라 조건을 하나둘 다는 것입니다. "네가 나한테 이만큼 하니까 나도 너한테 이만큼 한다"는 것입니다. 진정한 사랑은 소유가 아니라 존재 그 자체입니다. 우리는 소유함으로써 자기를 확인합니다. 남편은 아내를 소유하려 하고, 부모는 아이를 자기의 소유물로 생각합니다. 내 것이라 생각하기에 내 말을 안 들으면 화가 나는 것입니다.

그런 사랑은 모두 불완전하기에 깊은 갈등과 상처와 배신감을 주게 됩니다. 진짜 사랑은 존재 그 자체로 충분합니다. 사랑은 감정이 아닌 의지이어야 합니다. 우리는 사랑이 감정이라고 생각하지만, 날씨처럼 변하는 것은 감정입니다. 자신의 마음을 자신도 모른다고 하지 않습니까. 그런데 우리는 자꾸 그 감정을 사랑의 기준으로 삼으려고 합니다.

> 진정한 사랑에는 희생과 헌신이 따라야 합니다. 희생 없는 사랑은 사랑이 아닙니다. 헌신 없는 사랑도 사랑이 아닙니다.

진징한 사랑에는 희생과 헌신이 따라야 합니다. 희생 없는 사랑은 사랑이 아닙니다. 헌신 없는 사랑도 사랑이 아닙니다. 지금까지 손해 본 적이 없다면 당신은 사랑한 적이 없는 것입니다. 당신의 인생에서 정말 손해 보고 망가진 적이 없었다면 사랑해 본 적이 없다는 뜻입니다.

치유와 회복을 일으키는 완전한 사랑

세상에 그런 진정한 사랑이 있습니까? 나는 자신감을 갖고 그런 사랑이 있다고 대답할 수 있습니다. 바로 하나님의 사랑입니다. 왜 하나님의 사랑은 완전합니까? 그분은 인간이 아니기 때문입니다.

인간의 사랑은 아무리 위대해도 배신을 당합니다. 인간의 사랑에 한계가 따르기 때문입니다. 한때 감동하고 눈물을 흘리지만 인간은 죽을 수밖에 없는 유한한 존재입니다. 따라서 인간이 하는 사랑은 유한한 사랑일 수밖에 없습니다. 왜 우리는 사람의 사랑에 그렇게 목말라 하고 자신의 인생 전부를 겁니까? 진정한 사랑을 만나야 우리의 영혼이 치유되고 회복되기 시작합니다.

사랑에 대해 정리할 것이 한 가지 있습니다. 사랑에는 세 가지 종류가 있는데, 첫 번째는 육체적 사랑입니다. 다른 말로 본능적 사랑, 혹은 에로스라는 단어를 쓰기도 합니다. 이런 육체적 사랑에는 쾌감은 있지만 감동은 없습니다. 그러나 인간의 사랑에는 쾌감이나 쾌락이 아닌 깊은 감동이 있어야 합니다.

두 번째는 정신적인 사랑입니다. 이성적·지성적 사랑이라고도 말하는데, 단순히 육체적 사랑만이 전부가 아니라는 것입니다. 그런데 실제로는 육체적 사랑과 이성적 사랑이 따로 있는 것이 아닙니다. 육체적 사랑 안에 정신적 사랑이 내재해 있습니다. 그것은 훨씬 문학

적이고 예술적이고 아름답게 느껴집니다.

정신적 사랑에는 취미가 같은 것도 있습니다. 육체적으로 불이 번쩍 나는 사람도 있지만, 이야기를 나누면서 코드가 맞고 생각이 맞고 스타일이 맞고 개성이 맞는 사람도 있습니다. 그래서 정신적으로 사랑을 주고받게 됩니다. 이런 것을 가리켜 "말이 통한다"고 합니다. 물론 말이 통하지 않고 육체적으로만 부딪쳐도 살 수 있습니다. 그러나 진정한 사랑은 육체도 만나지만 정신적으로 통해야 합니다. 제대로 된 대화를 나눌 수 있어야 합니다. 시간 가는 줄 모르고 이야기할 수 있는 그런 정신적 커뮤니케이션이 필요합니다. 그렇게 됐다고 해서 모든 게 만족스럽고 모든 문제가 해결됩니까?

아닙니다. 마지막 세 번째로 중요한 사랑이 있는데, 영적인 사랑입니다. 이것은 정신적 사랑과는 다릅니다. 정신적 사랑에는 내가 있습니다. 그러나 영적인 사랑에는 하나님이 있습니다. 인간은 실수투성이로 세상에 완벽한 사람은 없습니다. 우리 인간은 실수도 하고 허물도 있고 약점도 있고 부족한 점도 많습니다. 그러나 영적인 사랑, 하나님의 사랑이 여기에 개입되면 병들었을지라도 약점이 있을지라도 바보일지라도 심각한 정신적 문제가 있을지라도 그것과 상관없이 우리를 감싸 줍니다. 이처럼 하나님의 사랑은 영원합니다. 그래서 완전하고 절대적입니다. 사람을 봐 가며 사랑하는 것이 아니라 하나님은 누구인가에 상관없이 당신의 존재 자체를 사랑하십니다. 하나님의

하나님의 사랑은 영원합니다. 그래서 완전하고 절대적입니다. 사람을 봐 가며 사랑하는 것이 아니라 하나님은 누구인기에 상관없이 당신의 존재 자체를 사랑하십니다. 하나님의 사랑은 조건이 없습니다.

사랑은 조건이 없습니다. 살인자일지라도, 자신의 인생을 창녀처럼 쓰레기처럼 살았을지라도 하나님은 당신을 공주와 왕자처럼 받아 주시고 안아 주십니다.

하나님의 사랑은 끊임없는 대가를 치른 것입니다. 하나뿐인 아들을 십자가에 못 박혀 죽게 하는 대가를 치렀습니다. 무슨 대가를 치르느냐가 사랑의 가치를 결정합니다. 그 사랑을 위해 희생한 것이 없다면 당신의 사랑은 아무것도 아닙니다.

뭔가 희생했다면 희생한 만큼 그 사랑은 가치가 있습니다. 왜 부모의 사랑이 가치가 있습니까? 자식을 위해 조건 없이 희생했기 때문입니다. 그런데 부부간의 사랑은 그렇지가 않은 것 같습니다. 계산적이어서 주고받는 것이 많습니다. 그래서 부부간의 사랑은 언제나 목마르고 외롭습니다.

성경구절 하나를 소개하고 싶습니다. 예수님을 믿는 사람이나 안 믿는 사람이나 이 말씀을 모르는 사람은 없을 겁니다.

"하나님이 세상을 이처럼 사랑하사 독생자를 주셨으니 이는 그를 믿는 자마다 멸망하지 않고 영생을 얻게 하려 하심이라"(요 3:16).

한 그림을 보니 십자가가 그려져 있고 예수님이 거기 계셨습니다. "How much do you love me?"라는 문장 밑에는 "This much"라고 씌어 있었습니다.

하나님은 우리에게 "내가 너를 이렇게 사랑했노라. 네가 하나님을 몰라도 나는 너를 사랑했고, 네가 나를 배신했어도 나는 너를 사랑했다. 하나님을 믿으려면 차라리 내 주먹을 믿으라고 욕해도 난 너를 사랑했다. 2천 년 동안 너를 사랑했다. 너를 기다렸다. 내 사랑을 너에게 주고 싶다. 오늘 이 사랑을 네가 받지 않겠느냐? 'How much do you love me? This much'"라고 말씀하십니다.

> "사랑하는 자들아 우리가 서로 사랑하자 사랑은 하나님께 속한 것이니 사랑하는 자마다 하나님으로부터 나서 하나님을 알고 사랑하지 아니하는 자는 하나님을 알지 못하나니 이는 하나님은 사랑이심이라"(요일 4:7-8).

당신은 정말 사랑받고 싶습니까? 그러면 하나님을 믿어야 합니다. 하나님은 수염 달린 흰 옷을 입은 할아버지가 아니라 사랑이십니다.

하나님을 믿는다는 말이 무슨 의미인지 압니까? 하나님의 사랑을 받아들인다는 말입니다. 땅속 지하실에서 나무가 자라기를 바란다면 그건 어리석은 생각입니다. 햇빛 아래로 나와야 그 나무는 꽃을 피울 수 있습니다. 인생의 꽃을 피우고 싶습니까? 상처를 치유받고 싶습니까? 외로움, 고독, 소외감과 불안을 당신의 인생에서 제거하고 싶습니까? 그러면 태양 앞으로 나와 "하나님, 믿고 싶습니다. 하나님과 사랑에 빠지고 싶습니다. 하나님의 완전하고 영원한, 절대적인 그 사랑을 경험하고 싶습니다"라고 외치면 됩니다. 이런 생각만 해도 하나님은 너무 똑똑해서 빨리 알아들으십니다. 이런 마음만 가져도 하나님과 통할 수 있습니다.

하나님의 인격적인 프러포즈

프러포즈에는 참 재미있는 뜻이 있습니다. 사랑은 강요하는 것이 아닙니다. "너 나하고 결혼해! 안 하면 죽여 버릴 거야!" 이런 것은 사랑이 아닙니다. 진짜 사랑한다면 "나하고 결혼해 주시겠습니까?"라고 그 사람에게 동의를 구해야 합니다. 동의를 구하지 않는 것은 사랑이 아닙니다. 그 사람의 인격이 포함되기 때문입니다. 고맙게도 하나님은 우리를 사랑할 때 "볼지어다 내가 문 밖에 서서 두드리노니 누구든지 내 음성을 듣고 문을 열면"(계 3:20), "네가 사랑을 받아들이면, 나를 믿겠다고 말을 한다면, 내가 네 안으로 들어가겠다"라고 프러포즈를 하십니다. 나는 당신이 마음의 문을 열고 하나님의 이 사랑을 받아들일 수 있게 되기를 바랍니다. 이 문을 두드리는 것은 지금 하용조 목사라는 한 사람을 통해 하나님께서 당신에게 접근하고 계시는 것입니다.

주님은 "나는 너를 사랑한다. 나는 절대적인 사랑으로, 영원한 사랑으로, 조건 없는 사랑으로, 희생하고 헌신하는 생명을 거는 사랑으로 너를 사랑한다. 나는 너를 구원하고 싶다. 너에게 행복을 안겨 주고 싶다"라고 말씀하십니다. 이는 사랑 안에 두려움이 없다는 말씀입니다.

사랑의 특징 중 하나는 누군가 자신을 사랑하는 사람을 만나 진정한 사랑을 경험하면 두려움이 사라진다는 것입니다. 나는 당신의 마음에 평강이 있기를 진심으로 바랍니다. 두려움을 없애고 마음의 평강을 주시는 분, 그분이 바로 예수 그리스도이십니다. 하나님과 사랑에 빠져 보지 않겠습니까? 하나님 사랑의 실체는 예수 그리스도이십니다. 오늘 이런 도전을 한번 해 보길 바랍니다.

성경을 읽어 본 적도 없고, 교회에 대해 알지 못하고 하나님에 대해서도 잘 알지 못하지만 마음속으로 이런 기도를 해 보면 어떨까요? "하나님, 당신은 정말 사랑이십니까? 하나님을 알고 싶습니다. 그리고 만나고 싶습니다. 하나님, 도와주시겠습니까? 지금까지 혼자 힘으로 인생을 살아 왔는데 너무 외롭고 춥고 허기지고 힘들었습니다. 혼자 힘만으로 모든 문제를 해결하기가 어려웠습니다. 하나님, 내 인생

안으로 들어오시겠습니까?" 만약 이런 마음을 가졌다면 하나님은 분명 당신 안으로 들어가실 것입니다.

"사랑하는 딸아, 내가 네 안에 들어가기를 원한다. 네 인생에 내가 개입하기를 원한다. 너를 축복해 주길 원한다. 네 상처를 싸매 주고 인생의 고독과 외로움을 치유해 주기를 원한다. 마시면 또다시 목마른 그 물이 아니라 한 번 먹으면 영원히 목마르지 않는 그런 물을 너에게 주기를 원한다."

당신에게 이런 축복이 함께하길 바랍니다. 그리고 눈을 감고 다음 기도를 따라해 봅시다.

"하나님 아버지, 지금까지 하나님 없이 살아왔습니다. 그런데 내 사랑에 한계가 있다는 사실을 깨닫습니다. 나의 사랑, 열정, 순수함이 진정한 사랑이 아니었음을 깨닫게 되었습니다. 하나님 아버지, 나의 실패한 사랑, 좌절된 사랑, 실수한 사랑을 회복시켜 주시옵소서. 영적이고 진정한 사랑인 하나님의 절대적 사랑을 깨닫게 해 주시옵소서. 하나님을 진정으로 믿길 원합니다. 예수님을 믿길 원합니다. 오늘 하나님을 만나는 날이 되게 해 주시옵소서. 예수님 이름으로 기도드렸습니다. 아멘."

결혼 이야기

위기와 축복의 나이

전 문화부장관 이어령 선생도 30대가 중요하다고 했는데, 미국에서는 여성이 서른아홉 살이 되는 그 생일을 "Black birthday"라고 부릅니다. 이제 인생의 젊음이 끝나고 후반전으로 들어가기 때문에 서른여덟, 서른아홉이 가장 무서운 나이라고 합니다. 양귀비도 서른여덟, 클레오파트라도 서른여덟에 사건을 저질렀다고 합니다. 그러므로 이 위기의 30대는 하나님께 붙잡혀 있는 것이 좋습니다. 세상에 붙잡히거나 사람에게 붙잡히면 사고가 생기므로 교회에 꼭 붙잡혀 있어야 합니다. 그러면 이 위기의 때를 잘 넘기고 축복의 40대를 맞이할 수 있습니다.

최근 발표한 우리나라 여성의 평균 수명은 82세입니다. 평균 스물일곱 살쯤에 결혼한다고 치면 인생에서 3분의 2는 결혼생활입니다. 그러나 우리의 고민은 행복해야 할 결혼생활이 점점 불행하고 고통스러운 짐이 되어 가고 있다는 사실입니다. 사랑하지 않아서, 꿈을 잃어버려서, 노력을 안 해서도 아닙니다. 남편이나 주변의 다른 사람들이 잘못해서도 아닙니다. 인간 그 자체가 고독하고 불완전하기 때문입니다. 그래서 우리의 아름답고 행복해야 할 결혼생활이 오히려 짐이 되는 것입니다.

최근 우리나라의 이혼율은 OECD 국가 중 3위입니다. 일본과 대만을 앞질렀다고 합니다. 도대체 결혼생활이 무엇입니까? 검은 머리가 파뿌리가 될 때까지 행복하게 살자고 약속하지 않았습니까? 사실 우리는 다른 사람에게 불만을 가진 것이 아니라 자신에게 불만을 가지고 있습니다. 핑계를 댈 때 "너 때문이야"라고 하지만 사실은 "나 때문이야"라는 것을 누구보다 잘 알고 있습니다.

과연 행복하고 축복된 결혼생활이 가능할까요? 우리처럼 불완전하고 미숙하고 연약한 인간이 그런 행복을 추구한다는 것이 어쩌면 오만일 수도 있다는 생각이 듭니다.

앞서 사랑에 대한 이야기를 나눴습니다. 그림자 사랑, 위조된 사랑, 가짜 사랑 속에서 너무 오랫동안 살아 왔는데 우리가 그토록 목말라 하는 진정한 사랑이 있을까요? 삶에 현실만 있는 것이 아니라 내세도 정말 있는 걸까요? 현실만이 우리의 삶이라고 한다면 짐승과 다를 바가 없습니다. 천국이 없다면, 죽음으로써 모든 것이 끝난다면 허무하고 불행할 것입니다.

실체 없는 언어라는 것은 존재하지 않습니다. 실체가 있으므로 그 단어가 존재하는 것입니다. 천국이 있기 때문에 천국이라는 단어가 존재하고, 지옥이 있기 때문에 지옥이라는 단어가 존재하는 것입니다. 실체가 없다면 이 단어들은 사라졌을 것이고 처음부터 쓰지도 않았을 것입니다. 하나님은 진짜로 계시는가 묻는다면 자신 있게 "계신다"라고 대답할 수 있습니다. 하나님이 안 계시다면 하나님이라는 단어는 인간의 언어 속에 존재하지 않았을 것이기 때문입니다. 어떤 사람은 하나님을 경험했고, 어떤 사람은 하나님을 경험하지 못했을 뿐입니다.

앞에서 진정한 사랑이 있다고 말했습니다. 그것은 우리 인간의 사랑이 아니라 위에 계신 그분, 하나님의 사랑입니다. 그분의 사랑을 만난 사람들은 불완전하고 미숙하고 실수가 많지만 그분의 사랑이 온전하기 때문에, 그분의 사랑이 변함없고 영원하기 때문에, 그분의 사랑이 상처를 치유해 주기 때문에 그때부터 변하기 시작합니다.

한 자매가 심장 이상을 가진 자녀를 어떻게 키울까 고민하다가 하나님께 의탁했다는 얘기를 들었습니다. 즉 하나님께서 그 아이를 키울 힘을 주셨단 말입니다. 그것은 그 자매와 하나님과의 비밀입니다. 그러면 어떻게 그런 힘을 주셨을까요?

영국에 체류하고 있을 때 당시 박사학위를 밟던 우리 교인 가정에 두 손이 없는 아이가 태어났습니다. 아이의 아빠는 병원에서 아이를 받은 순간부터 눈물로 세월을 보내다가 하나님을 만났습니다. 그런데 놀라운 사실은 하나님이 그 사람에게 살아갈 힘을 주신 것입니다. 심장 이상을 가진 자녀를 둔 자매의 이야기를 듣는 순간 그 사람의 모습이 떠올랐습니다.

> 하나님이 진짜로 계시는가 묻는다면 자신 있게 "계신다"라고 대답할 수 있습니다. 하나님이 안 계시다면 하나님이라는 단어는 인간의 언어 속에 존재하지 않았을 것이기 때문입니다.

결혼은 하나님의 축복이다

결혼해서 살면서 우리는 시시때때로 사랑과 결혼에 대해 갈등을 겪습니다. 부족한 인간인 우리에게 행복한 결혼이란 과연 존재하는 것일까요? 나는 결혼을 만드신 그분, 가정을 만드신 그분을 만난다면 당신의 결혼이 어떤 고통과 아픔과 실패와 실수가 있을지라도 회복될 수 있다고 믿습니다. 축복의 삶을 누릴 수 있다고 자신 있게 말할 수 있습니다.

결혼 전에는 사랑이 필요합니다. 사랑해서 결혼하는 것이고, 결혼하게 되면 가정을 갖게 됩니다. 그런데 결혼이라는 제도를 최초로 만든 사람이 누구입니까? 결혼은 사람이 만든 것이 아닙니다. 여기서부터 결혼에 대한 축복이 시작됩니다. 국가는 인간의 아이디어이지만 결혼과 가정은 하나님의 아이디어입니다. 그래서 진정한 결혼, 축복받은 결혼을 바로 알기 위해서는 사람의 축복보다 먼저 결혼을 만드신 하나님의 비밀과 축복을 믿고 알아야 합니다. 그래야 행복한 결혼, 축복받은 결혼의 가능성이 열리기 시작합니다.

결혼은 운명도 아니고 본능도 아닙니다. 또한 사주팔자도 아닙니다. 결혼이 사주팔자라면 결혼한 사람 모두 행복해야 할 것입니다. 예전에 연예인 교회를 했는데, 나중에 목사가 된 후라이보이 곽규석 씨가 월드컵 술집에서 일할 때 그곳으로 심방을 가겠다고 했더니 못 오게 말리는 것이었습니다. 그래도 심방을 가고 싶다고 말한 후 찾아갔습니다.

가게에 들러 자리를 잡고 앉았는데, 그때 내 옆에 신부님 한 분이 앉아 있었습니다. 이어 몇 명의 호스티스가 들어왔고, 그녀들은 이런저런 이야기를 하다가 신부님한테 "어떻게 신부님이 되셨어요?"라고 물었습니다. 그러자 신부님이 "다 팔자지요"라고 대답했습니다. 그때 질문을 한 호스티스가 "아, 신부님도 팔자라는 말을 하세요? 우리 같은 여자나 팔자라는 말을 하지요"라고 말했습니다. 그러자 신부님은 "당신한테 섭리라고 대답하면 알아듣겠소? 팔자라고 해야 알아듣기 쉽지요!"라고 대답했습니다.

시간이 흘렀지만 오랫동안 그 일이 기억에 남는 건 팔자와 섭리라는 단어 때문입니다. 그러면 인생은 팔자입니까, 섭리입니까? 인생은 이렇게 살 수밖에 없는 운명입니까, 축복입니까?

결혼은 혼수나 아파트 열쇠로 그 행복의 척도를 결정하는 것이 아닙니다. 좋은 집에 산다고 행복합니까? 하와이에 살았던 적이 있는데, 그때 정말 좋은 집, 비싼 집을 구경해 본 경험이 있습니다. 그러나 그런 집에 사는 사람들 중 8, 90퍼센트는 불행했습니다. 집이 클수록 불행이 크고 돈이 많을수록 갈등이 많다는 것을 깨닫게 되었습니다.

결혼은 자녀를 생산하고 양육하는 공장으로 들어가는 것이 아닙니다. 그러면 결혼이 무엇입니까? 하나님의 축복입니다. 많은 사람이 하나님의 축복으로 결혼하게 되었다는 사실을 깨닫게 되기를 바랍니다. "내가 너를 축복하노라." 하나님은 비극적으로 살라고 우리를 세상으로 보내지 않으셨습니다. 무의미하게 살라고, 방황하라고 이 세상에 보내지도 않으셨습니다. 이는 부모가 자식을 낳을 때 불행하게 살라고 자녀를 낳지 않는 것과 같습니다. 가출하라고 키우지도 않습니다. 아이를 낳아 중·고등학교를 보내고 대학교를 보내는 부모의 한결같은 마음이 무엇입니까? 아이가 행복하기를 바라는 마음일 것입니다.

마찬가지로 하나님이 우리를 이 세상에 보낼 때 이렇게 고통스럽고 눈물을 흘리고 미워하고 질투하고 시기하고 저주스러운 삶을 살라고 보내신 것이 아닙니다. 하나님이 우리를 세상에 보낼 때는 축복받으라고 행복하게 살라고 건강하게 살라고 보내신 것입니다. 우리는 행복하게 살 권리가 있습니다. 축복받을 권리가 있습니다. 의미 있고 아름답게 살 권리가 있습니다. 결혼은 하나님의 섭리이자 축복입니다. 또한 결혼은 하나님의 은총입니다. 이를 통해 위기의 30대를 축복의 30대로 바꿀 수 있게 되길 바랍니다.

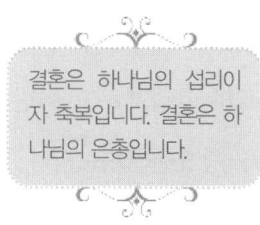

결혼은 하나님의 섭리이자 축복입니다. 결혼은 하나님의 은총입니다.

아름답고 귀한 존재, 돕는 배필

성경에 보면 아내란 무엇입니까? 오늘은 남자 얘기보다 여자 얘기가 더 중요합니다. 창세기를 보면 하나님이 태초에 남자와 여자를 만든 재미있는 이야기가 나옵니다. 하나님은 흙으로 빚으사 그 코에 생기를 넣어 남자를 만드셨고, 남자로 여자를 만드셨습니다. 이것이 여자와 남자의 차이점입니다. 그래서 여자가 남자보다 고급품입니다. 남자는 1차 가공품이고 여자는 2차 가공품입니다. 남자는 흙으로 만들어서 우락부락하고 여자는 남자의 갈비뼈를 빼서 만들어 훨씬 정교하고 섬세하고 예민합니다. 하나님은 남자에게 여자를 주면서 아주 중요한 말씀을 하셨습니다. "여자는 돕는 배필이다"라고 하셨습니다. 이는 기능적인 면을 말합니다.

아담이 처음으로 여자를 만났을 때 아주 중요한 사건이 있었습니다. 아담과 여자가 우연히 만난 것이 아니라 하나님이 하와의 손을 끌고 아담에게로 인도해 줍니다. 하와를 처음 보는 순간 아담은 "내 뼈 중의 뼈요 살 중의 살이라"(창 2:23)라고 말했습니다. 그러고 보면 남자는 약한 껍데기에 불과하고, 뼈 중에 뼈는 여자이고 살 중에 살은 여자입니다. 여자가 이렇게 소중하고 아름답고 귀한 존재입니다. 그런데 남자들이 성경에 나오는 이런 하나님의 말씀을 몰라서 여자들을 학대하고 구박하고 함부로 대하는 것입니다.

창세기의 이 말씀을 통해 꼭 전하고 싶은 것이 있습니다. 그것은 진짜 행복한 결혼은 하나님의 축복이 있어야 한다는 것입니다. 이 자리에 참석한 부부에게 축복이 있기를 바랍니다. 만약 남편이 예수님을 안 믿으면 어떻게 해야 합니까? 상관없습니다. 당신이 하나님의 축복을 가져오면 그 축복이 남편에게도 전달될 것입니다. 정말 행복한 가정은 사람의 축복도 중요하고 부모의 축복도 중요하지만, 하나님의 축복이 가장 중요합니다.

그러면 불행한 결혼이란 무엇입니까? 성격 차이도, 문화적 차이도 아닙니다. 불행한 결혼의 배후에는 죄가 있다는 사실을 꼭 알아야 합니다. 당신의 결혼과 인생과 삶을 망가뜨리는 배후에는 어둠의 세력과 죄가 도사리고 있습니다.

부부의 특징은 서로 다르다는 것인데, 그렇다 보니 문제점도 각기 다릅니다. 부부는 공통점이 거의 없습니다. 만나서 살다 보니 성격도 다르고 먹는 것도 다르다는 사실을 알게 되었지 예전에는 그렇게 다를 줄 몰랐을 것입니다. 그런데 왜 이렇게 다른 사람끼리 만나야 하는 것일까 생각해 보면, 처음 남자와 여자가 만났을 때 서로 달라서 매력을 느낀 것입니다. 사랑할 때는 다르다는 것이 좋았지만 살다 보니 다르다는 사실이 고통스럽게 다가오는 것입니다. 남자와 여자가 왜 싸웁니까? 서로 달라서 자신의 마음을 몰라 준다고 생각하기 때문입니다. 사람들은 사랑을 어떻게 생각합니까? 자신이 원하는 것을 하는 게 사랑이라고 생각합니다.

결혼 초기에는 나도 그런 실수를 많이 저질렀습니다. 설렁탕이나 우족탕 같은 것을 좋아해서 아내를 만나 대뜸 데리고 간 곳이 설렁탕을 파는 식당이었습니다. 아내가 샐러드를 좋아한다는 것을 몰랐습니다. 그런데 뒤따라오던 아내는 자기도 설렁탕을 좋아한다고 말했습니다. 거짓말이었습니다. 음식이 나오자 아내는 속이 안 좋아서 못 먹겠다고 했습니다. 평소 냉면을 좋아하다 보니 아내를 사랑한다는 표현이 냉면 먹으러 가자는 것입니다. 이것이 내 사랑의 표현입니다.

그러고 나서는 당신한테 잘하는데 얼굴 표정이 왜 그러냐고 투덜거립니다. 인간은 이처럼 다 이기적입니다. 그래서 사랑도 굉장히 이기적입니다. 자기가 좋아하는 것, 자기가 생각하는 것을 상대방에게 하라고 강요합니다. 여기서 배워야 할 진리가 있습니다. 다르다고 하는 것은 틀린 것이 아니라 서로 보완해야 한다는 것입니다.

결혼생활을 축복으로 끌고 가기 위해서는 첫 번째, 결혼은 하나님의 축복이라는 사실을 깨닫고 알아야 합니다. 그리고 하나님의 축복을 사모해야 합니다. "하나님, 남편을 축복해 주세요. 하나님, 아이들을 축복해 주세요. 하나님, 축복해 주세요. 하나님이 태초에 만들었던 그 모습 그대로 저를 회복시켜 주세요." 이런 기도를, 이런 사모하는 마음을 매일 품고 살아야 합니다.

당신의 가정을 좀먹는 것은 부정적인 생각입니다. 당신을 괴롭히는 것은 다른 사람이 아니라 바로 자신입니다. 무엇이 당신을 괴롭힙니까? 부정적인 생각, 비판적인 생각, 시니컬한 생각, 저주하는 마음, 열등감 등이 끊임없이 당신을 지옥으로 몰고 갑니다. 생각을 바꿔 항상 긍정적이고 축복되고 희망적인 생각을 가져야 합니다. 공부 못하는 아이를 볼 때 희망을 갖고, 병든 아이를 볼 때 희망을 갖고, 마음에 들지 않는 남편을 볼 때 비전과 희망을 갖고 긍정적인 말을 하도록 노력해야 합니다. 그러면 가정이 천국이 됩니다. 그런데 우리는 그 간단한 것을 하지 못합니다. 무엇 때문입니까? 하나님의 축복을 사모하는 마음이 없기 때문입니다.

두 번째, 불행은 성격 차이가 아니라 죄에서 비롯된다는 것을 알아야 합니다. 요즘 세대는 배우자를 두고도 한눈을 팔다가 가정이 파탄 나는 경우가 많습니다. 우리는 이런 사실을 분명히 알고 있어야 합니다.

세 번째는 앞에서 말한 것처럼 서로 다르다는 건 틀린 것이 아니라 보완해야 한다는 의미로 받아들여야 합니다. 부부가 서로 많이 다르다고 느낄 때, 30대와 40대는 고치려고 노력합니다. 남편을 좀 고쳐 보려고 하는데, 미리 말하지만 절대로 못 고칩니다. 포기해야 합니다. 절대 남편을 못 고치고 아내를 못 고칩니다. 고치려고 할수록 서로에게 상처받고 스트레스 받다가 결국에는 포기하고 맙니다.

> 당신의 가정을 좀먹는 것은 부정적인 생각입니다. 당신을 괴롭히는 것은 다른 사람이 아니라 바로 자신입니다.

안 고쳐지는 이유가 뭡니까? A형, B형, O형, AB형의 혈액형을 우리가 바꿀 수 없는 것과 똑같습니다. A형으로 태어난 사람보고 O형이 되라고 하면 되겠습니까? 이는 어리석은 짓입니다. 왜 자기 스타일에 맞게 고치려고 합니까? 왜 자기 스타일에, 자기 성격에 맞추려고 합니까? A형은 A형답게 살고 O형은 O형답게 살고 급한 사람은 급하게 살도록 놔 둬야 합니다. 이것을 갖고 당신은 왜 그렇게 급하냐고, 왜 그렇게 밥을 빨리 먹느냐고 불만을 터뜨려선 안 됩니다. 그냥 빨리 먹게 놔 두어야 합니다. 양말을 뒤집어 놓는 것을 갖고 싸울 이유가 없습니다.

하나님은 사람을 저마다 다르게 만드셨습니다. 이것을 깨닫고 서로 다르다는 것을 그냥 받아들여야 합니다. 이것이 행복의 시작입니다. 나이 50이 지나면 슬슬 포기하기 시작합니다. 3, 40대에 그렇게 싸웠는데 아무 결론이 나지 않는다는 것을 깨닫게 되는 나이가 50대이기 때문입니다.

이해와 포용으로 축복에 채널을 맞추라

남자와 여자가 다른 것은 자라 온 환경, 습관, 문화가 다르기 때문입니다. 부모가 예술가일 수도 있고, 노동하는 사람일 수도 있고, 학자일 수도 있고, 장사를 할 수도 있습니다. 그렇다 보니 보고 자란 것이 모두 다릅니다. 어렸을 때 먹었던 음식 맛이 다르고 옷 입는 것이 다르고 취미가 다르고 스타일이 다릅니다. 또한 시골에서 자란 사람이 다르고 도시에서 자란 사람이 다릅니다. 나는 이북에서 피난을 나왔고 아내는 서울 토박이입니다. 그래서 밥 먹는 것도 차이가 납니다. 내가 자란 곳의 사람들은 김치에다 밥을 말아 먹고 비지 먹는 것을 좋아하고 밥을 먹으면서도 막 손짓을 하며 먹는데, 서울 사람들은 음식을 먹어도 아주 조신하게 먹습니다.

결혼 첫날 아내에게 얼마나 혼났는지 모릅니다. 아내는 밥을 먹을 때 손짓하지 말라고 하는데, 이야기하는 동안 무의식중에 손이 올라가니까 옆에서 핀잔을 주는 것이었습니다. 자라 온 환경이 서로 다르기 때문입니다. 우리는 체질이 다른 것은 받아들이고 문화가 다른 것은 이해해야 합니다. 서로 다른 환경에서 자랐기 때문이라고 그것을 이해하고 사랑해야 됩니다. 그것을 억지로 고치려고 해서는 안 됩니다. 어렸을 때부터 오랜 시간 어머니가 해 준 음식을 먹었는데 식성이 하루아침에 바뀌겠습니까? 그러니 자기 식으로 음식 맛을 바꾸려 하지 말고 남편이 좋아하는 음식을 해 주면 어떨까요?

또 아주 중요한 것이 있는데 상처입니다. 이것은 문화도 아니고 체질도 아닙니다. 우리가 자라날 때 부모한테서 받은 상처, 학교에서 받은 상처는 대부분 거절당했다는 감정에서 비롯됩니다. 특히 유산을 조심해야 합니다. 자신의 아이가 싫다는 것 아닙니까! 그런데 그 아이가 유산이 안 되고 태어났다고 합시다. 이 아이는 태중에서부터 엄마가 자신을 거절했다는 상처를 안고 태어나는 것입니다. 부모가 자신을 버렸다는 것입니다. 이것이 다 상처입니다.

원하던 대학에 원서를 냈다가 떨어지면 상처가 됩니다. 사랑하는 사람한테 프러포즈를 했는데 거절당하면 상처가 됩니다. 이 상처가 어렸을 때부터 내면에 깊이 자리 잡고 있다가 열등감, 거절, 배신으로 전부 섞여 나타나는 것입니다. 이것이 이상한 성격으로 나타나기도

하고, 화를 잘 내는 것으로 나타나기도 하고, 우울증이나 편집증으로 나타나기도 합니다. 의처증, 의부증도 다 이런 상처 때문입니다. 특별히 의처증과 의부증은 내가 지금까지 경험한 것 중 가장 무서운 병입니다. 계란 먹고 체한 사람은 절대 계란을 안 먹습니다. 이처럼 음식에도 상처받을 수 있습니다. 학교에 상처받고 각종 제도에 상처받고 사상에도 상처받을 수가 있습니다.

상처가 생겼을 때 어떻게 해야 합니까? 치유해야 합니다. 마음의 상처는 치료를 받아야 합니다. 어디에서 치료합니까? 병원에서도 치료하겠지만 더 중요한 분이 있습니다. 그분을 만나면 치유가 됩니다. 우리는 잘못을 저지르면 보통 "처음이야" "마지막이야"라고 하면서 용서를 구합니다. 그러나 우리 인간의 용서에는 한계가 있고 진짜 용서는 없습니다. 진짜 용서는 잊어버리는 것인데 말로는 용서했지만 마음으로 기억하고 있습니다. 자신이 용서한 일까지 모두 기억하고 있습니다. 그것은 진정한 용서가 아닙니다.

> 어떤 문제가 우리 인생에 발생할지라도 이겨 낼 수 있는 능력, 포용할 수 있는 능력을 소유하는 것이 더 중요합니다. 이것을 주실 수 있는 분이 하나님이십니다.

우리는 모두 내면에 깊은 상처를 갖고 있습니다. 나는 당신 안에 있는 상처가 치유되고 회복되기를 바랍니다. 이 상처는 누가 치료해 줍니까? 그분이 치료해 주십니다. 그분이 우리에게 삶의 용기를 주십니다. 그분이 그 엄청난, 감당할 수 없는 고난을 이기게 해주십니다. 우리의 믿음은 고난이 오지 않을 거라고 믿는 것이 아니라 고난을 이길 힘을 갖는 것입니다.

"하나님, 문제없이 살게 해주세요." 문제없이 사는 법은 간단합니다. 죽으면 됩니다. 무덤에 들어간 사람은 고민이 없습니다. 살아 있다는 것 자체가 항상 문제를 갖고 있습니다. 한 가지 문제를 해결했다고 그것으로 끝나는 게 아니라 문제는 파도처럼 밀려옵니다. 그래서 문제를 만들지 않는 게 중요한 것이 아니라 어떤 문제가 우리 인생에 발생할지라도 이겨 낼 수 있는 능력, 포용할 수 있는 능력을 소유하는 것이 더 중요합니다. 이것을 주실 수 있는 분이 하나님이십니다. 예수님은 우리를 위해, 우리의 고난을 대신 겪기 위해 십자가의 고난을 당하셨습니다.

이 귀하신 예수님, 하나님을 당신의 인생에 모시기 바랍니다. 앞서 얘기했지만 하나님 믿는 것이 복잡하다면 어떻게 믿겠습니까? 하나님을 믿으려면 "성경을 다 읽어라" "새벽기도에 나와라"고 한다면 복잡해집니다. 그러나 간단하게 교회에 나와 예배 드리면 됩니다. 이처럼 하나님 믿는 방법은 의외로 간단합니다.

소리를 내어 "믿고 싶습니다"라고 따라해 봅시다. 얼마나 간단합니까! 하나님은 우리의 말보다 마음을 보십니다. 우리 인생의 고통과 괴로움과 아픔을 알고 계시므로 도와주고 싶어 하십니다. 만나고 싶어 하십니다. 그러나 억지로는 안 하십니다. 당신이 마음의 문을 열기를 원하십니다. 그러면 하나님이 당신 안에 들어가겠다고 말씀하십니다. 당신을 만나겠다고 말씀하십니다. 오늘 이런 축복이 함께하길 바랍니다.

예수님이 싫다고 말하는 사람을 못 봤습니다. 예수 믿는 사람이 꼴 보기 싫고 교회가 하는 짓이 웃겨서 교회에 안 간다고 말합니다. 예수 믿는 사람들이 위선자라는 것입니다. 이런 이유로 하나님과의 접촉점이 멀어진 것뿐이지 사실 교회에 안 나오는 사람들이 하나님을 싫어하는 것은 아닙니다. 또한 예수님을 거부하는 것도 아닙니다. 이제 사람 이야기, 제도 이야기는 하지 말고 진짜 하나님을 만나고 싶다고 말해야 합니다.

"하나님, 지금까지는 하나님 없이 혼자 인생을 살아 왔습니다. 그동안 교회에도 가 보고 성경도 좀 읽긴 했지만 오늘에야 처음으로 하나님을 생각합니다. 하나님, 믿고 싶습니다. 도와주십시오."

당신이 이런 마음을 가졌다면 일어서도 좋고 손을 흔들어도 좋고 글로 표현해도 좋습니다. "하나님, 알고 싶습니다. 가르쳐 주세요. 내 인생에 당신을 초청하고 싶습니다. 그리고 남은 인생을 하나님과 함께 이 험한 세상을 기쁨으로 살기를 원합니다"라고 하나님께 표시해야 합니다.

지금부터 내가 하는 기도를 한 번 따라해 봅시다.

"하나님 아버지, 내 인생에 하나님을 초청합니다. 지금까지 내 마음대로 살아 왔습니다. 그래서 힘들었고 한계를 느꼈고 절망했습니다. 이제 하나님을 모셔 들입니다. 하나님과 함께 내 인생의 후반전을 살기를 원합니다. 내 결혼생활에 하나님을 초청합니다. 우리 부부 관계 속에 주님이 오시옵소서. 내 자녀들에게도 하나님이 오시옵소서. 우리 가정이 축복의 가정이 되게 해 주시옵소서. 예수님 이름으로 기도드립니다. 아멘."

찬양하는 가운데 하나님께 자신의 생각을 표현해야 합니다. 사인을 보낸다는 것은 참 중요합니다. 누군가 초인종을 누르면 문을 열어주어야 합니다. 마음의 문을 열고 하나님을 자신의 인생에 들어오시도록 맞이하는 시간을 갖길 바랍니다.

행복 이야기

누가 나를 행복하게 해 줄까요?

고통은 서로 비교할 수 없습니다. 아이들에게 무슨 고통이 있겠느냐고 말하겠지만 그들에게도 정신적인 병이 있습니다. 그들 나름대로 절망이 있습니다. 자신의 의지대로 뚫고 나갈 수 없을 때, 한계를 느낄 때 그 고통의 순도는 100퍼센트입니다. 세상 사람들이 가장 원하고 좋아하는 단어가 있다면 행복이 아닐까 생각합니다. 누가 나를 행복하게 해 줄 수 있을까요? 이런 질문은 누구나 하는 것입니다. 행복한 삶, 행복한 결혼, 행복한 가정을 꿈꾸면서 행복한 사회도 원합니다. 행복한 나라도 원합니다.

과연 행복이란 무엇입니까? 그것은 하나의 파랑새입니까, 아니면 무지개나 신기루입니까? 행복을 찾은 것 같았는데 잡아 보면 아무것도 없습니다. 어쩌면 우리 인생은 행복을 찾기 위해 불행이라는 전차를 타고 열심히 달리는 것인지도 모르겠습니다. 도착해 보면 아무것도 없고 남아 있는 것은 고통과 허무뿐인데도 말입니다.

행복이 무엇이냐고 묻는다면 구원의 열매라고 말하고 싶습니다. 그러면 구원이란 무엇입니까? 죽은 사람에게는 살아나는 것이 구원입니다. 도스토예프스키의 작품에서처럼 사형선고를 받았는데 집행 5분 전에 사형정지 명령을 받은 것입니다. 얼마나 좋겠습니까! 병든 사람에게 구원은 무엇입니까? 암에 걸렸는데 어느 날 아침에 일어나 보니 암이 깨끗이 사라졌습니다. 나도 간암 수술을 여러 번 받았지만 이렇게 다시 설교를 하게 됐습니다. 참으로 신비스럽습니다. 하나님이 왜 살려 주셨는가 생각해 보면 불쌍해서, 그리고 설교를 좀 더 하라는 것 같습니다. 사업을 하다가 망했는데 재기하게 되는 것도 구원의 일종입니다.

구원은 절망과 좌절과 죽음에서 회복되는 것, 살아나는 것입니다. 그리고 그때 가질 수 있는 감동과 감격, 기쁨이 바로 행복입니다. 행복에는 행복하다는 느낌, 즉 행복감이 있습니다. 행복은 멀리 있는 것이 아닙니다. 구원하는 자의 손 안에 있는 것이 행복입니다. 동양 사람은 복을 너무 좋아해서 오복을 갖고 태어난 사람은 행복한 사람이라고 말합니다. 그래서 귀걸이에 복 자를 쓰고 방석에도 복 자를 쓰고 집 창문에도 복 자를 씁니다.

대만에 갔을 때 보니 이 사람들은 복을 정말로 좋아합니다. 대만과 중국 사람들은 한결같이 돈, 복 등을 선호합니다. 오복을 사전에서 찾아보니 오래 사는 것(수, 壽), 재물을 많이 소유하는 것(부, 富), 건강하고 평안하게 사는 것(강녕, 康寧), 도덕을 기쁨으로 누리고 사는 것(유호덕, 攸好德), 제명대로 살다가 편안히 죽는 것(고종명, 考終命)이라고 씌어 있었습니다. 《통속편》에 보면 두 가지가 다른데, 수·부·강녕 외에 치아가 좋은 것도 오복 중에 하나라고 합니다. 그리고 자식 많아서 다복한 것도 복이라고 합니다.

《행복론》을 읽어 보면 많은 사상가와 철학가, 종교인 등이 이렇게 사는 것이 행복이다, 행복은 이렇게 하면 온다고 하며 행복론에 대해 여러 가지 이야기를 합니다. 그러나 행복에는 왕도가 없습니다. 많은 사람이 행복을 찾지만 종착역은 불행입니다. 결혼도 그렇고 직업도 그렇습니다. 요즘에는 3, 40대 커리어우먼을 많이 볼 수 있습니다. 무엇을 보고 알았느냐 하면 5, 60대한테 스쿨을 신청하라고 했더니 그 수가 굉장히 많은데 3, 40대는 거의 없습니다. 예수님을 믿겠다는 사람이 적습니다. 직장을 다니느라 바쁘기 때문에 그렇지 않나 생각합니다.

"행복하다" "행복감을 느낀다"를 쉬운 말로 하면 "만족스럽다"

"부족한 것이 별로 없다" "가난해도 좋고 병들어도 좋다"인데, 이는 많이 가졌느냐 적게 가졌느냐, 많이 누렸느냐 적게 누렸느냐의 이야기가 아닙니다. "no more", 즉 "나는 더 이상 필요없다"는 것입니다. 자장면 세 그릇을 먹고 난 사람에게 더 먹겠느냐고 물으면 "No, no more"이라고 대답하는데, 별미를 갖다 줘도 안 먹는다고 합니다.

그러나 우리의 인생은 목말라 있고 굶주려 있습니다. 돈에도 굶주리고 건강에도 굶주리고 명예에도 굶주려 있습니다. 반면 인생이 만족스러운 사람은 더 이상 원하는 게 없습니다. "난 괜찮습니다." "난 이 정도면 만족합니다." "지금 전셋집에 살지만 행복합니다." "난 아이가 없어도 행복합니다."

행복은 무엇을 가졌느냐 안 가졌느냐 소유의 문제가 아닙니다. 어떤 사람은 아무것도 가진 것이 없지만, 심지어 두 손이 잘리고 두 발이 없는데도 오체투지를 하며 정말 감사하고 만족스러워합니다. 반

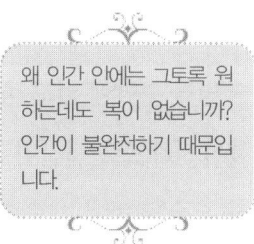

왜 인간 안에는 그토록 원하는데도 복이 없습니까? 인간이 불완전하기 때문입니다.

면에 많이 가졌음에도 불구하고 항상 게걸스럽게 뭔가 부족하다고 투덜거리는 사람도 있습니다. 단지 욕망이라는 이름의 전차를 탄 욕심 덩어리, 만족감을 느끼지 못하는 충족되지 않은 영혼이 있을 뿐입니다.

하나님을 아는 것이 행복의 시작이다

과연 무엇이 행복이고, 어떻게 사는 것이 행복입니까? 먼저 행복에 대한 정의를 정확하게 내려 봅시다. 무엇을 소유한 것이 복입니까? 다섯 가지 복을 가졌다고 행복한 사람입니까? 아닙니다. 그러면 무엇이 복입니까? 첫 번째, 인간 안에 복이 없다는 사실부터 시작해야 합니다. 없는 복을 자꾸 찾으니까 신기루입니다. 왜 인간 안에는 그토록 원하는데도 복이 없습니까? 첫째 인간이 불완전하기 때문입니다. 모든 것을 다 가졌어도 죽으면 끝입니다. 우리가 안 죽으면 그 복은 영원할 것입니다. 그러나 죽는 것을 어떻게 하겠습니까! 돈을 아무리 벌어도 병들면 모든 것이 끝납니다.

병들 수밖에 없고 죽을 수밖에 없는 것이 인간입니다. 인간 자체가 불완전하므로 인간이 가진 복도 불완전합니다. 그런데 우리는 완전한 복을 원하기 때문에 갈등이 생깁니다. 이처럼 인간은 불완전하므로 완전한 하나님의 사랑을 꼭 잡으라는 것입니다. 이것을 못 잡으면 불완전한 사랑, 불완전한 남편의 사랑을 붙든 채 울며 절망하게 됩니다. 내 사랑도 불완전하고 내 남편의 사랑도 불완전하고 자식이 부모를 생각하는 마음도 불완전합니다. 그래서 완전한 그분의 사랑을 붙잡으라는 것입니다.

하나님을 붙잡을 때 우리에게 희망이 보입니다. 갈 길이 보입니다.

인간은 타락한 존재이므로 인간의 행복은 이미 오염되어 있습니다. 우리는 오염되는 걸 원하지 않지만 이미 더러워져 있습니다. 인간은 이미 타락한 존재이고 불완전한 존재이므로 우리가 소유한 행복도 더러워진 것이고 불완전한 것이고 목마른 것입니다.

행복의 시작은 어디에 있습니까? 먼저 인간 스스로가 행복해질 수 없다는 사실을 인정할 때 행복은 시작됩니다. 그것이 인간의 겸손입니다. "나는 왜 이렇게 못 누리느냐"라고 말하는 사람은 어떤 것을 갖다 줘도 불만스럽습니다. "나 같은 사람이 어떻게 이런 것을 누릴 수 있겠습니까?" "어떻게 내가 당신과 같은 남자와 살게 됐는지 참으로 기적 같습니다." 남편에게 이렇게 말하면 행복이 옵니다. 그런데 "어쩌자고 당신 같은 남자를 만나서 내 인생이 이렇게 쭈그러졌나"라고 말한다면 백마를 탄 왕자와 살아도 불행할 수밖에 없습니다. 보석을 몇 개씩이나 끼워 줘도 불행합니다.

두 번째, 진정한 축복과 행복을 누리고 싶다면 행복의 근원을 알아야 합니다. 행복의 근원은 하나님입니다. 햇빛을 거부하면 식물은 자랄 수가 없습니다. 식물이 자라려면 햇빛이 비치는 곳으로 나와야 합니다. 마찬가지로 인간도 행복해지려면 땅속에서 나와야 합니다. 두더지처럼 땅속에 계속 있으면 햇빛을 볼 수 없습니다. 마음의 어두운 벽을 뚫고 나와야 합니다.

두려운 생각이 듭니까? 이는 우물가의 돌을 치우면 지렁이가 기어

나오는데 햇빛을 보면 어쩔 줄을 몰라 하는 것과 같습니다. 우리도 어둠 속에 있다가 빛을 보면 당황스럽고 두려운 생각이 듭니다. 그러나 빛 앞으로 나와야 합니다. 축축하고 곰팡이가 낀 내 영혼, 햇빛이 없는 내 영혼에 누군가 문을 열어 줘야 합니다. 신선한 공기가 들어오고 햇빛이 들어올 때 우리 영혼이 맑아지고 깨끗해지고 투명해집니다. 그렇지 않으면 계속 어두운 땅속에 살면서 끊임없이 방황할 수밖에 없습니다. 방황은 무엇입니까? 시작은 있지만 끝이 없는 것입니다. 출발은 했는데 끝이 보이지 않아서 같은 자리를 뱅뱅 도는 것입니다. 그래서 진짜 축복이 우리 안에 없다는 사실을 인정하는 것이 첫째 명제입니다.

> 우리는 어둠의 자녀가 아니라 빛의 자녀입니다. 그리고 축복받기 위해 태어난 사람입니다.

둘째 명제는 축복은 하나님이 주신다는 사실입니다. 이것을 믿어야 합니다. 이는 운명도 아니고 사주팔자도 아닙니다. 운명과 사주팔자라면 인간은 자살해야 합니다. 무슨 띠냐고 물으면 개띠, 말띠, 소띠라고 말들 합니다. 왜 우리는 자꾸 짐승으로 돌아가려고 하는지 모르겠습니다. 사람들에게 "당신은 짐승이 아닙니다"라고 말해 주어야 합니다. 우리는 결코 짐승이 아닙니다. 그러니 짐승처럼 살아선 안 됩니다. 우리는 인간입니다. 자식이 부모를 닮듯 우리 인간은 하나님을 닮았습니다. 우리는 마귀를 닮지 않았습니다. 그러므로 마귀처럼 살아선 안 됩니다. 우리는 어둠의 자식이 아니라 빛의 자녀입니다. 그리고 축복받기 위해 태어난 사람입니다.

성경이 말하는 복

축복은 하나님으로부터 옵니다. 성경에서 말하는 축복은 세상에서 말하는 축복과 다릅니다. 성경에서 말하는 축복이 무엇인지 살펴봅시다. 구약의 시편을 보면 "복 있는 사람은 악인들의 꾀를 따르지 아니하며 죄인들의 길에 서지 아니하며 오만한 자들의 자리에 앉지 아니하고"(시 1:1)라고 되어 있습니다. 악에 오염되지 않고, 악인의 꾀를 따르지 않고 죄인의 길에 서지 않고 오만한 인간들과 함께하지 않는 사람이 복된 사람입니다. 신약성경을 살펴보면 좀 더 분명하게 이야기하고 있습니다. "심령이 가난한 자는 복이 있나니 … 애통하는 자는 복이 있나니 … 온유한 자는 복이 있나니"(마 5:3-5)라고 했습니다. 세상적인 가치와 얼마나 다릅니까? 세상은 부자가 복이 있다고 하는데 성경은 심령이 가난한 사람이 복이 있다고 합니다. 세상 사람은 웃는 사람이 복이 있다고 하는데 성경은 애통해할 줄 아는 사람이 복이 있다고 말씀합니다.

영웅들은 과연 행복할까요? 요즘은 영웅과 스타의 시대입니다. 성경은 온유한 사람이 복이 있다고 하는데, 이것은 참으로 중요한 말씀입니다. 사람을 볼 때 능력 있는 것보다 온유한 성격을 가졌느냐가 더 중요합니다. 또한 성경은 의에 주리고 목마른 사람은 복이 있다고 말씀합니다. 긍휼히 여길 줄 아는 사람도 복이 있다고 말씀합니다. 이 세상에 가장 무서운 사람이 매정한 사람입니다. 긍휼히, 불쌍히 여기는 마음을 가진 사람은 복이 있습니다. 마음이 깨끗한 사람은 복이 있고, 화해자는 복이 있고, 의를 위해 희생할 줄 아는 사람은 복이 있다고 말씀합니다. 세상 사람들의 기준과 얼마나 다릅니까?

행복의 뿌리: 믿음 소망 사랑이란 비타민

지금부터는 행복 비타민 몇 가지를 소개하려고 합니다. 일곱 가지 비타민이 있는데, 여기서 비타민은 인간의 성장에 꼭 필요한 유기화합물로 우리 몸 안에서 만들어지는 것이 아닙니다. 몸 밖에서 약이나 음식을 통해 공급받아야 한다는 것이 비타민의 특징입니다. 비타민과 비슷한 것이 호르몬인데, 이것은 몸 안에서 만들어집니다. 반면 비타민은 몸 안에서 만들어지지 않으므로 음식을 통해 섭취해야 합니다. 소량에 불과하지만 비타민은 몸이 잘 움직이도록 하는 조절 영양소입니다. 이처럼 진정한 행복도 비타민처럼 우리 안에서 존재하지도 생성되지도 않기 때문에 하나님께서 주셔야만 합니다. 우리는 비타민처럼 늘 하나님 말씀을 먹어야 합니다. 가장 좋아하는 성경구절을 소개하겠습니다.

> "믿음, 소망, 사랑, 이 세 가지는 항상 있을 것인데 그 중의 제일은 사랑이라" (고전 13:13).

많은 사람이 이 구절을 익히 들어 알고 있을 겁니다. 여기서 "항상 있을 것인데"라는 말은 믿음 소망 사랑이 행복의 뿌리라고 말해도 된다는 뜻입니다. 이것이 진짜 행복을 위한 세 가지 요소입니다.

첫째, 믿음입니다. 믿음 없이 행복은 불가능합니다. 부부는 서로 믿어 주어야 합니다. 단순하게 같이 사는 관계나 아이 낳는 관계가 절대 아닙니다. 진짜 부부는 서로를 신뢰하고 믿을 수 있어야 합니다. 믿음은 경비를 절감시켜 줍니다. 영수증을 쓸 필요가 없으니 종이값이 안 듭니다. 다른 사람을 못 믿으면 그 사람을 감시하는 사람을 두어야 합니다. 몰래 카메라를 갖고 감시해야 하니 안 믿으면 돈이 많이 듭니다. 믿음만큼 행복을 주는 것은 없습

> 진정한 행복도 비타민처럼 우리 안에서 존재하지도 생성되지도 않기 때문에 하나님께서 주셔야만 합니다. 우리는 비타민처럼 늘 하나님 말씀을 먹어야 합니다.

니다. 그러므로 믿어야 합니다. 부부가 서로 신뢰하는 관계가 될 때 행복의 벽돌을 차곡차곡 쌓게 됩니다.

믿음은 모든 것을 가능하게 해 줍니다. 믿음은 모든 단절과 비극, 절망을 막아 줍니다. 당신 안에 믿음의 기초가 세워지기를 축원합니다. 그전에 하나님을 신뢰해야 합니다. 하나님은 신뢰할 만한 존재이므로 우리는 그분을 믿는 것입니다.

둘째, 희망입니다. 희망은 모든 절망을 막아 줍니다. 희망을 가진 사람에게는 미래가 있지만 희망 없는 사람에게는 미래가 없습니다. 가만히 보면 미래의 문을 막고 있는 사람은 다름 아닌 자기 자신일 때가 많습니다. 희망을 가진 사람, 꿈을 가진 사람은 눈이 반짝거립니다. 짐승에게는 희망이 없습니다. 희망은 오직 인간에게만 있는 것입니다. 만약 희망을 갖지 않았다면 우리는 짐승과 같습니다.

나는 당신이 꿈을 갖게 되길 바랍니다. 희망! 땅의 꿈이 아니라 하늘의 꿈, 순간적인 꿈이 아니라 영원한 꿈을 꾸는 부부가 되길 축원합니다. 사람은 밥을 먹고 사는 존재가 아니라 꿈을 먹고 사는 존재입니다. 꿈을 간직할 때 행복이 찾아옵니다.

셋째, 사랑입니다. 우리를 행복하게 만드는 것은 소유가 아니라 사랑입니다. 사랑받을 때도 행복하지만 사랑할 때 더욱 행복합니다. 사랑의 특징은 모든 허물을 덮어 준다는 것입니다. 모든 상처를 치유해 준다는 것입니다. 모든 것을 포용한다는 것입니다. 그러므로 사랑을 가진 사람을 불행하게 만들 수 있는 것은 세상에 아무것도 없습니다. 모든 것을 포용하고 용서하고 받아 주고 덮어 주기 때문입니다. 당신이 사랑을 가짐으로써 결코 불행해질 수 없는 체질의 사람이 되길 진심으로 바랍니다.

또 다른 행복 비타민: 기쁨 기도 감사

내가 좋아하는 두 번째 성경구절은 다음 말씀입니다.

"항상 기뻐하라 쉬지 말고 기도하라 범사에 감사하라 이것이 그리스도 예수 안에서 너희를 향하신 하나님의 뜻이니라"(살전 5:16-18).

이 구절에 또다시 세 단어가 나오는데 "기뻐하라" "기도하라" "감사하라"입니다. 이것이 바로 행복 비타민입니다.

기뻐하면 불행은 자연스럽게 우리 곁을 떠납니다. "목사님, 누구는 기뻐할 줄 몰라서 안 하나요?"라고 말하는 사람이 있을 테지만 우리는 기쁨의 편에 서야 합니다. 불행의 편에 서서는 안 됩니다. 언어는 자신이 선택하는 것입니다. 당신의 입술로 부정적인 말을 할 수도 있고 긍정적인 말을 할 수도 있습니다. 마음속에서는 자꾸 부정적인 말을 하라고 시키지만 기쁨을 선택해야 합니다. "나는 이제 욕하지 않겠다" "나는 저주하지 않겠다" "나는 다른 사람을 축복하겠다"고 선택하는 것입니다.

말은 당신이 하는 것이지 귀신이 하는 게 아닙니다. 손은 당신이 움직이는 것이고 발도 당신이 움직이는 것이지 누가 대신 움직여 주지 않습니다. 당신이 직접 하는 것입니다. 당신이 결정을 내리면 그에 따른 일이 일어납니다. 하나님을 믿는 것도 당신이 하는 것이지 누가 믿게 하는 게 아닙니다. 믿겠다고 당신이 선택하는 것입니다. 그러므로 절대 불행을 선택해서는 안 됩니다.

성경에 보면 "항상 기뻐하라"는 구절이 있는데, 여기서 '항상'이 재미있습니다. 기뻐할 만한 상황이 아닌데도 기뻐하라는 뜻입니다. 속이 상하고 화가 나고 울고 싶은데 기쁘다고 말하라는 것입니다. 그러면 그 기쁨이 비극을 몰아냅니다. 그러나 비극적인 감정을 따라가면 자살해야 합니다. 상황을 따라가면 자살해야 합니다. 처한 상황을 거부하고 당신의 감정을 이겨 내야 합니다. 그리고 기쁘지 않지만 의식적으로 기뻐해야 합니다.

사랑은 감정이 아니라 의지입니다. 상대가 싫어도 사랑하기로 결정해야 합니다. 자신한테 어떻게 하는지 봐서 사랑하겠다고 하면 절대 사랑하지 못합니다. 부부싸움을 하는 것도 이런 이유입니다. 상대방이 먼저 이야기하면 화를 풀겠다는 것 아닙니까! 그래서 화해를 못하고 하루가 지나고 한 달이 지나고 몇 달이 지나다가 마침내 이혼에 이르게 됩니다. 절대 그렇게 생각해서는 안 됩니다. 자신이 옳다고 생각해도 먼저 화해를 신청함으로써 기쁨을 선택하고 축복을 선택해야 합니다.

> 우리를 위해 기도해 주시고 우리의 삶을 감사로 가득 채워 주시는 한 분이 있습니다. 바로 예수 그리스도이십니다.

기뻐하되 항상 기뻐해야 합니다. 기뻐할 만한 상황이 아니어도 웃어야 합니다. 어떤 환경에서도 기쁨을 선택하겠다는 것, 이것이 기쁨 비타민입니다. 어떤 경우에도 절망에 빠지지 말고 기뻐하겠다고 선포하면 기적이 일어납니다. 행복이 오기 시작합니다.

두 번째는 "기도하라"입니다. 기도는 하나님과 대화를 나누는 것입니다. 기도는 언어입니다. 혼자서 하는 것은 독백이고 둘이서 하는 게 대화입니다. 혼자 하소연해 봐야, 통곡해 봐야 허공을 치는 것이고 쓸데없는 짓입니다. 당신이 말하는 것을 누군가 들어주는 것이 기도입니다. 기도를 하면 하나님이 들어주십니다. 이것을 믿어야 합니다.

우리 귀를 만든 분은 들으시는 어떤 분입니다. 듣는다는 개념을 갖지 못한 분이 어떻게 귀를 만드셨겠습니까? 우리 눈을 만든 그분은 만물을 보시는 분입니다. 만약 본다는 개념이 없는 하나님이라면 어떻게 우리 눈을 만드셨겠습니까? 우리 입을 만든 그분은 말하시는 분입니다. 하나님은 말씀하시고 보시고 들으시는 분입니다. 우리의 뜨거운 가슴을 만든 그분은 느끼시는 분입니다.

하나님은 인격이십니다. 돌멩이가 아니며 찬물 떠 놓고 비는 존재도 아닙니다. 우리의 고통과 아픔을 아시고 우리의 마음을 읽으시며 우리를 위해 눈물을 흘리시는 분이 하나님입니다. 그래서 쉬지 말고 기도하라는 것입니다. 쉬지 않는다는 것은 호흡한다는 의미입니다. 호흡을 멈추면 죽듯이, 반대로 늘 기도로 호흡하면 축복이 옵니다.

세 번째는 "범사에 감사하라" 입니다. 감사는 인간의 언어에서 클라이맥스에 해당되는 부분이라고 말할 수 있습니다. 짐승이 감사하는 것 보셨습니까? 인간만이 감사할 줄 압니다. 또한 감사가 클라이맥스에 도달하면 찬양이 됩니다. 감사하는 사람의 얼굴에는 감동이 어려 있습니다.

인생에서 중요한 것은 속도가 아니라 방향입니다. 다른 사람보다 빨리 가는 것이 중요한 게 아니라 올바르게 가는 것이 중요합니다. 인생은 성취가 아니라 의미입니다. 얼마나 많은 것을 이루었느냐가 중요한 게 아니라 얼마나 의미가 있느냐 하는 것이 중요합니다. 자식이 없어도, 아파트가 없어도, 내일 죽게 되어도 삶의 의미가 있다면 뿌듯합니다.

인생은 쾌락이 아니라 감동입니다. 식도락을 포함해서 쾌락만을 좇아가선 안 됩니다. 좋은 옷을 입고 맛있는 음식을 먹고 좋은 자동차를 타는 게 당신을 행복하게 만들어 주지 않습니다. 삶에는 감동이 있어야 합니다. 자신의 삶을 보고 눈물이 나야 합니다. "하나님! 이렇게 열심히 살았습니다. 내가 장애를 가진 아이를 이렇게 키웠습니다. 내가 시부모를 이렇게 모셨습니다." 이처럼 자기 삶을 보면서 뿌듯함을 느끼고 감동이 있어야 합니다.

지금까지 여섯 개의 비타민을 소개했습니다. 첫 번째 믿음이라는 비타민, 두 번째 희망이라는 비타민, 세 번째 사랑이라는 비타민, 네 번째 기쁨이라는 비타민, 다섯 번째 기도라는 비타민, 여섯 번째 감사라는 비타민입니다. 잊어버리고 싶지 않다면 메모해 놓고 자주 들여다보길 바랍니다.

최고의 행복 비타민: 시작이며 완성인 그분, 예수 그리스도

마지막 일곱 번째가 있습니다. 우리에게 믿음을 주시고 꿈과 사랑을 주시고 우리를 기쁘게 만들어 주시고 우리를 위해 기도해 주시고 우리의 삶을 감사로 가득 채워 주시는 한 분이 있습니다. 바로 예수 그리스도이십니다. 예수 그리스도는 행복의 시작이자 행복의 완성입니다. 나는 당신이 하나님나라에 갈 때까지 행복하길 바랍니다. 축복받기를 바랍니다.

우리 안에 행복이 없다는 사실을 아직까지 모르는 사람이 있습니까? 아직까지 자신에 대해 실망한 적이 없는 사람이 있습니까? 행복은 우리 안에 없습니다. 행복은 예수 그리스도이십니다. 그러므로 하나님을 영접해야 합니다. 하나님 믿는 것은 어려운 일이 아닙니다. 단지 "하나님을 믿고 싶어요"라고 말하면 됩니다. 그래도 하나님은 모두 알아들으십니다. "내게 찾아오세요. 만나고 싶어요. 지금까지는 나 잘난 맛에 살았고 내 의지대로 살았고 내 경험과 이성을 가지고 살아 왔지만 이제 남은 인생을 하나님과 함께하고 싶어요." 당신 집안이 불교라서 기독교적인 배경에서 자라지 않았으므로 기독교를 믿으라는 이야기가 아니라 예수님을 믿으라는 이야기를 하고 싶습니다. 하나님을 찾으라는 것입니다.

우리는 첫 단계로 사인을 해야 합니다. 지금까지 하지 않았다면 주님께 당신에게로 오시라고 사인을 해야 합니다.

하나님은 "너를 사랑해도 되겠느냐? 내가 네 안에 들어가도 되겠느냐? 내가 네 인생을 행복하게 해 줘도 되겠느냐? 네 눈물을 닦아 주겠으니 이제 한숨을 거두어라. 나는 너에게 빛이 되겠다. 나는 너에게 길이 되겠다. 나는 네 인생의 생명이 되겠다. 나는 네 인생의 진리가 되겠다. 내가 네 안에 들어가도 되겠느냐?"라고 프러포즈를 하고 계십니다.

　그러면 당신은 어떻게 응답하겠습니까? 지금 이 시간이 당신에게 축복의 시작이 되길 축원합니다.

40대 남자를 위한 전도집회

지금 가장 힘든 때를 보내고 있지만 당신의 40년은 훌륭했다. 이제 예수님을 통해 진정한 삶의 비상구를 찾자. 그곳에서 진실된 쉼을 얻고, 비전을 보며, 진실된 친구를 만나 남은 40년을 시작해 보자.

03
여기 비상구가 있습니다

40대 남성을 위한 전도집회

● 40대 남성을 표현하는 단어 ●

중견 사회인, 정년, 동창회, 불혹의 나이, 자신의 한계를 알아 가는 나이, 정체성, 스트레스, 낮은 삶의 만족도, 아저씨 세대, 조기 명퇴 대상자, 책임감, 디지털피로증후군, 연봉제

● 40대 남성의 특징 ●

미래에 대한 두려움, 디지털 문화에 대한 부적응, 경기불안과 조기 명예퇴직, 능력에 따른 연봉제, 가정과 일에 대한 막중한 책임감으로 스트레스와 피로의 정점을 맛보고 있는 세대다. 이들의 희망은 스트레스와 불안, 책임감으로부터 벗어나 쉼을 누리는 것이다.

● 40대 남성의 필요 ●

① 사회적 필요
40대 남성은 흔히 2, 30대의 디지털 세대와 사회적 기반을 어느 정도 갖춘 50대 사이에서 조기 퇴출 세대로 추락한 채 '낀 세대'라고 불린다. 이런 이유로 다른 연령대와 비교했을 때 삶의 만족도가 가장 낮고, 스트레스를 가장 많이 받는 세대로 나타나고 있다. 이들은 사회적으로 안정되고 만족스러운 삶을 영위하기를 간절히 바란다.

② 심리적 필요
직장에서도 중간관리자로서 막중한 책임감을 느끼고, 가정에서도 경제활동의 주체로서 가정의 안녕을 책임져야 하기 때문에 대체적으로 심리적인 만족감이 낮으며 쉼과 일탈을 꿈꾼다.

③ 가정적 필요
자녀들이 자라면서 늘어나는 사교육비를 감당해야 하는 반면, 자녀들은 사춘기에 접어들어 건전한 대화가 이루어지지 못한다. 아버지는 아버지로서 존경받지 못하고 돈벌어오는 기계처럼 취급받는다. 그렇다 보니 밀려오는 고독감을 해소하고 존재감을 회복하기 위한 비상구를 필요로 한다.

④ 경제적 필요
사회적으로나 가정적으로 돈을 많이 벌어야 하고, 돈을 많이 써야 하는 위치에 있으므로 돈벌이의 많고 적음과 돈벌이의 안정성이 행복과 불행을 좌우한다. 그래서 돈을 많이 벌 수 있는 일에 집착하기도 한다.

⑤ 영적 필요
40대 남성은 스트레스와 불안, 소외에서 벗어나 진정한 쉼을 누리길 원하며, 영원한 비전과 변함없이 기댈 수 있는 절대자를 필요로 한다.

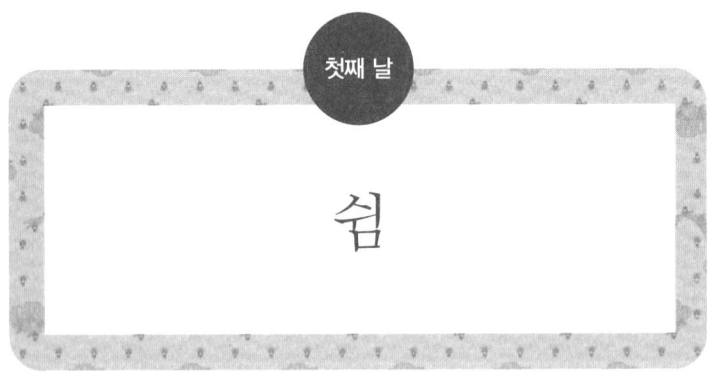

인생의 가장 큰 축복, 40대

평소 너무 피곤해서 누워 있기를 좋아하는 아빠들이 오늘 예수님을 만났으면 좋겠습니다. 내가 드리는 선물은 다음 말씀입니다.

> "수고하고 무거운 짐 진 자들아 다 내게로 오라 내가 너희를 쉬게 하리라 나는 마음이 온유하고 겸손하니 나의 멍에를 메고 내게 배우라 그리하면 너희 마음이 쉼을 얻으리니 이는 내 멍에는 쉽고 내 짐은 가벼움이라 하시니라"(마 11:28-30).

기독교적인 배경에서 자랐다고 해서 모두 은혜를 받는 것은 아닙니다. 기독교적인 배경이 아닌 곳에서 태어났지만 의외의 사건을 통해서 예수님을 알게 되고 하나님을 믿게 되는 계기를 가진 사람들이 있습니다.

매년 크리스마스가 다가오면 '어떻게 크리스마스를 지내는 것이 좋을까'라고 고민하다가 크리스마스를 가장 잘 지내는 방법은 전도집회를 여는 거라고 생각했습니다. 왜냐하면 예수님을 믿는 것만큼 개인에게 큰 사건이 없기 때문입니다. 그래서 가장 위대한 선물은 예수님을 전하는 것이라 생각했고, 크리스마스 때마다 전도집회를 열었습니다.

이렇게 전도집회를 계획하다가 한 스태프가 전도할 때 그냥 무작정 전도집회를 하지 말고, 우리가 살고 있는 이 시대에 가장 스트레스가 많고 고난을 겪고 있는 세대가 어떤 세대인가 먼저 고민해 보자고 했습니다. 그래서 물어보았더니 단연코 40대 남성이라는 겁니다. 통계청의 발표에 따르면 우리나라에서 스트레스가 가장 심하고 세계적으로 사망률이 높은 세대가 바로 40대였습니다. 우리나라 40대 사망률이 미국보다 3배나 높고 일본보다 2배가 높다고 합니다. 이런 기막힌 상황 속에 살고 있는 40대를 위해 "그들을 따로 만나 40대를 위한 집회를 하면 어떻겠느냐"라는 의견을 모으고 준비하게 되었습니다.

준비 기간에 우리 스스로도 깜짝 놀랐습니다. 40대 남성이 지금 어떤 스트레스를 받고 어떤 위기 상황에 처해 있는지도 모르는 채 마치

파도에 쓸려 다니는 사람처럼 정신없이 살다가 암에 걸린다든지, 어떤 위기에 부딪힌다든지 그렇게 절망에 빠져 있다는 사실을 알게 된 것입니다.

보통 40을 불혹의 나이라고 말하는데, 우리 사회에서는 유혹의 나이인 것 같습니다. '40이 성숙의 나이가 아니라 조로(早老)의 나이가 아닌가' 라는 생각을 하게 되었습니다. 아무튼 40대가 어떤 의미에서는 우리 인생의 가장 큰 위기일 수도 있고, 축복일 수도 있다는 생각을 해 봅니다.

흔들리는 40대

40대를 위한 설교를 준비하는 동안 몇 가지 자료를 조사하면서 놀라운 사실, 잊어버렸던 사실 하나를 발견하게 되었습니다. 청년기를 지나면 중년기로 넘어가는데, 중년기가 35~45세라는 겁니다. 원래 55세까지를 중년으로 보는데 특별히 35~45세가 가장 위험하고 큰 갈등이 많은 나이라는 사실을 알게 되었습니다.

40대가 가진 문제점이 몇 가지가 있는데, 가장 큰 문제는 30대에 열정을 갖고 정신없이 살다가 40대에 들어서면 대부분의 사람이 가진 공통점이 권태라는 것입니다.

직장생활이나 가정생활, 일상생활의 권태가 찾아와 판에 박힌 듯 살면서 삶의 의미와 방향을 잃어버리게 됩니다. 그런데 속도보다 중요한 것이 방향입니다. 삶은 좀 천천히 가도 괜찮지만, 방향을 잘못 잡으면 큰 위기에 부딪히게 됩니다. 속도를 내고 계속 달리다 보면 방향을 잃어버리게 됩니다. 낭떠러지로 가는 것인지, 죽음으로 가는 것인지, 절망으로 가는 것인지 모를 정도입니다. 요즘은 암이 특별한 병이 아니라 보통 사람이 잘 걸리는 병인 것 같습니다. 예전에는 암에 걸렸다고 하면 굉장히 놀랐지만 요즘에는 흔한 병이 되고 말았습니다.

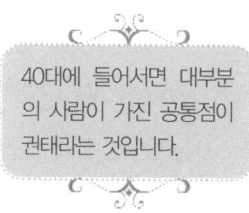
40대에 들어서면 대부분의 사람이 가진 공통점이 권태라는 것입니다.

40대에 가장 위험하면서 모든 사람이 공통적으로 겪고 있는 것이 바로 허무입니다. 의무감과 책임감에 짓눌려 지내다 보면 방향을 잃기 쉬운데, 이에 따른 좌절감으로 40대가 가장 쉽게 빠지는 게 불륜입니다. 권태와 허무를 느끼고, 사는 게 무의미하고, 삶의 방향마저 잃게 되면 사람들은 이를 벗어나기 위해 연예를 통해 젊음을 회복하고 싶다는 생각을 하게 됩니다.

불륜이 40대의 징후군 가운데 하나라는 사실을 접하고 그럴 수도 있겠다는 생각을 했습니다. 술을 먹어도 점잖게 안 먹고 폭음을 합니다. 모든 일에서 도피하고 싶고, 탈출하고 싶기 때문에 40대를 위기라고 말합니다.

또 40대가 되면 만성피로를 호소합니다. 아침에 자고 일어나도 피곤이 풀리지 않는 독특한 징후가 있습니다. 신체가 급격히 허약해지는 것을 느끼기 시작하면서 정서적으로 불안해지고 안정감도 없어집니다. 그렇다 보니 매사에 심리적으로 초조하고 쫓기게 됩니다. 40대의 가장 큰 상징적인 사건이 있다면 의미상실일 겁니다. 열심히 살긴 사는데 '왜 그래야 하지?'라는 겁니다. 정신없이 살다 보니, 성공의 문턱에 올라서 보니, 결혼생활에도 익숙해졌고 직장생활에도 익숙해졌고 삶에도 익숙해지다 보니 의미를 잃어버린 것입니다. "왜 사느냐" 하는 문제가 대두됩니다.

또 40대에 들어서면서 모든 사람이 공통적으로 느끼는 것이 건강 문제입니다. 나는 언제부턴가 머리가 희어지면서 염색을 할 것인가 말 것인가 고민하다가 염색을 하기 시작했는데, 40대가 되면서부터 이런 고민을 하게 됩니다.

세수만 하고 나면 머리가 자꾸 빠집니다. 피부도 거칠어집니다. 눈 밑에 지방이 끼고 얼굴에 주름살이 생깁니다. 관절이 굳고 피부는 탄력성을 잃고 체구가 왜소하다는 느낌이 들고 성욕이 감퇴하기 시작합니다. 이런 신체적 변화는 아무것도 아닌 것 같지만 자기 내면의 자신감을 잃게 만들고, 이런 이유로 삶의 변화를 주는 것이 중년의 위기를 나타내는 특징이라고 합니다.

30대 후반을 지나 40대에 들어서면 공통적으로 가진 문제점이 두려움이라고 합니다. 뭔가 두려운 생각이 듭니다. 그렇게 자신만만하던 표정에 무언가에 대한 두려움에 쌓여 갑니다. 불안하고 막연했던 것이 이제 현실로 다가오면서 죽음에 대한 두려움, 미래에 대한 두려움, 성적 위축감 등이 내면에 점점 쌓이는 것입니다.

이런 두려움은 첫 번째로 직장에서 나타납니다. 직장에 대한 회의를 느끼기 시작하는 때가 40대입니다. '이 직장을 계속 다녀야 할 것인가? 여기에 계속 머문다면 무엇을 할 것인가?' 직장에 대한 이런 회의가 들면 왠지 모르게 화가 나다가 무력감에 빠지게 됩니다. 이는 모두 의미 상실과 연결됩니다. '내가 왜 이렇게 살아야 하지, 왜 이렇게 뛰어다녀야 하지, 왜 이렇게 발버둥 치며 살아야 하지?'

그리고 40대를 두려움으로 몰고 가는 것이 결혼, 즉 가정입니다. 행복해야 할 가정, 축복받아야 할 가정이 두려움을 주는 장소로 변합니다. 가정이 스위트 홈이 아니라 불안감을 주는 곳으로 변하게 됩니다.

가장 중요한 것이 자녀 문제입니다. 자녀들은 사춘기를 겪으면서 부모에게 한창 반항할 나이입니다. 사회생활을 적극적으로 하다 보면 아이들과 보내는 시간이 줄어들게 되고 아이들이 가끔 남의 집 자식처럼 생각됩니다. 그렇게 사랑스럽던 아이가 나한테 무섭게 반항하고 아버지가 싫어하는 짓만 골라서 합니다.

사실 부모와 자녀 관계는 자녀가 잘못되었다기보다 아이들은 알면서도 '어떻게 하면 아버지를, 어머니를 골탕 먹일까'라고 생각하며 아버지가 싫어하는 일만 골라서 합니다. 그래서 부모의 속을 뒤집어 놓는 겁니다. 그런 자식을 보면서 '과연 내가 자녀교육을 잘하고 있는 걸까'라는 고민까지 하게 됩니다.

40대가 되면 부모님은 경제적으로 무기력해지고 건강까지 나빠져 돌아가실 나이가 됩니다. 그런 부모를 보면서 40대는 설명하기 힘든 삶의 비애 같은 것을 느끼게 됩니다. 우리 부모님도 내가 40대일 때 돌아가셨는데, 대부분 그렇게 될 겁니다. 이때는 부모님의 직업이 없어져 그분들을 부양하면서 생계를 책임져야 합니다.

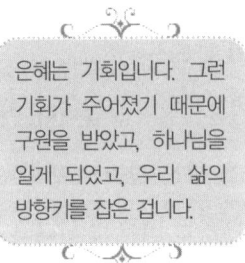
은혜는 기회입니다. 그런 기회가 주어졌기 때문에 구원을 받았고, 하나님을 알게 되었고, 우리 삶의 방향키를 잡은 겁니다.

그러면 결혼생활은 어떻습니까? 40대 남성의 부인들은 대부분 호르몬에 변화가 생기거나 갱년기가 시작되어 부부관계가 예전처럼 황홀하지 않습니다. 이제 살 만큼 살았고, 경험할 만큼 경험해서 서로에 대한 기대감도 무너지고 신뢰도 서서히 사라지는 때입니다. 서로가 지쳐 있다는 말입니다. 그렇다 보니 남편이든 아내든 쉽사리 불륜에 빠질 수 있는 그런 나이입니다.

삶의 방향키를 잡아라

위기를 탈출하기 위해 대부분의 사람은 어떻게 합니까? 이 위기를 탈출하기 위해, 의미를 찾기 위해 발버둥을 칩니다. '산다는 게 무슨 의미가 있을까? 내가 그렇게 정성을 들였고, 큰 의미를 부여했고, 생명까지 바쳤던 일이 결국 아무것도 아니라면 도대체 내 삶의 현주소는 어디인가?' 직장에서도 외롭고, 자녀들 앞에서도 떳떳한 부모가 되지 못하고, 아내 앞에서도 자랑스러운 남편이 되지 못했다는 생각이 들어 방황하고 있는 자화상이 중년에 들어선 우리의 모습입니다.

내가 영국에서 귀국해서 온누리교회를 시작했을 때가 40대 초반입니다. 나의 40대는 열두 가정에서 시작해서 지금 이렇게 큰 교회가 될 때까지 반쯤 미친 사람처럼 살아 왔습니다. 나는 지난 40대를 황홀한 40대라고 부릅니다. 정말 원이 없다고 말할 정도입니다. 너무 좋아서 40대가 위기의 때라는 사실을 한 번도 느껴 보지 못한 채 여기까지 왔습니다. 좋은 사람을 많이 만났고, 하나님의 기적을 보았고, 성령의 역사가 함께하는 일을 40대에 많이 겪었습니다.

그런데 50대 초반에 들어서면서 40대에 한 가지 실수를 했다는 생각을 했습니다. 건강관리를 하지 못한 것입니다. 미친 듯이 교회를 위해 살다 보니 50대 초반에 암을 발견해 수술을 했습니다. 그후로 간암 2차 수술을 받았고, 또다시 3차 수술까지 받았습니다.

그런데 하나님께서 온누리교회의 성도들을 불쌍히 여겨 목사를 데려가지 않으시고 다시 회복의 기회를 허락하셨습니다. '내가 40대 때 큰 실수를 저질렀는데 건강관리를 하지 않은 거구나. 그 대가를 50대에 치르는구나' 라는 생각을 하게 되었습니다.

40대에 당신의 가정을 안 지키면 50대에 그 대가를 치르게 됩니다. 당신 인생의 방향을 40대에 못 잡으면 50대에 그 대가를 치릅니다. 어떤 사람은 걷잡을 수 없는, 회복할 수 없는 그런 대가를 치르기도 합니다. 지금이 중요한 때입니다. 나는 40대처럼 중요한 때가 없다고 생각합니다.

오늘 이 자리에 온 사람들은 저마다 어려운 걸음을 했을 것입니다. 강권에 못 이겨 나온 사람도 있고, 오고 싶어 온 사람도 있고, 그저 속는 셈치고 온 사람도 있을 겁니다. 어떻게 왔든지 간에 하나님이 당신을 부르셨다는 사실이 중요합니다.

예수님을 믿을 때는 미친 척하고 믿어야 합니다. 모르는 척하고 믿는 겁니다. 예수님을 믿을 때 다 알고, 다 이해하고, 다 깨닫고 믿는다고 생각하지 않습니다. 한 여성과 결혼할 때 그녀를 다 알고 결혼하는 것이 아닙니다. 사랑에 눈이 멀어 결혼한 후 아이 낳고 살면서 '내가 이 여자를 잘 선택했구나' 라고 느끼는 것처럼 나는 신앙도 은혜라고 생각합니다. 예수님을 믿게 된 것도 은혜이고, 하나님을 알게 된 것도 은혜이고, 이 자리에 있는 것도 은혜라고 생각합니다. 은혜는 기회입니다. 그런 기회가 주어졌기 때문에 구원을 받았고, 하나님을 알게 되었고, 우리 삶의 방향키를 잡은 겁니다.

가장 중요한 것은 키를, 방향을 잡는 것입니다. 속도가 중요한 게 아닙니다. 얼마나 많은 능력을 가졌고, 알찬 열매를 맺고, 자신이 뜻한 바를 성취했느냐가 전부가 아닙니다. 키가 중요합니다. 일찍 가고 늦게 가는 것은 중요하지 않습니다. 바로 가는 게 중요합니다. 인생을 올바로 사는 게 중요하다는 말입니다.

오늘 이 자리를 위해 도움을 주고 있는 사람들은 모두 40대입니다. 예수님을 믿고 너무 좋아서 자진해 옷을 갖춰 입고 나와 봉사를 하고 있습니다. 이들은 예수님을 40대 위기의 순간에 만났습니다. 자신의 삶에 마치 닻을 내리듯, 바람이 불고 폭풍이 칠 때 배가 어디로 가야 할지 모른다면 닻을 내려야 합니다. 인생의 기준과 방향과 풋대와 키를 가져야 합니다. 이것을 잃어버린다면 죽음이 기다리고 있을 뿐입니다.

방향을 잘못 잡으면 꼭 사고가 납니다. 자식이 죽든, 자신이 몹쓸 병에 걸리든, 사업이 부도가 나든지 합니다. 요즘 세상이 변하는 것을 보면 권력도 돈도 믿을 게 없습니다. 소위 재벌이라고 불리는 사람들을 살펴보면 알 수 있습니다. 또한 권력을 가졌던 사람들이 10년 안에 어떤 모습을 보여 주고 있습니까? 믿을 게 없습니다. 신뢰할 게 없습니다. 직장도 사업도 마찬가지인데, 어느 것도 당신을 보장해 주지 못합니다. 살을 빼서 건강한 삶을 살려고 열심히 운동한다고 해서 건강이 보장됩니까?

> 우리가 닻을 내려야 할 곳이 하나 있습니다. 인생의 키로 방향을 잡아야 할 곳이 하나 있습니다. 바로 하나님이십니다.

우리가 닻을 내려야 할 곳이 하나 있습니다. 인생의 키로 방향을 잡아야 할 곳이 하나 있습니다. 바로 하나님이십니다. 이제 당신은 방향을 결정해야 합니다. 하나님은 우리를 다 이해하실 수 있지만 우리는 하나님을 다 이해하지 못합니다. 인간인 우리가 어찌 하나님을 다 이해할 수 있겠습니까! 그런 생각 자체가 오만입니다. 그래서 하나님을 다 이해하지 못한 채 믿어야 합니다. 받아들여야 합니다. 우리 인생에 중심을 잡아야 합니다.

그래서 이번에 '비상구'라는 단어를 썼고 '탈출구'라는 단어를 쓴 것입니다. 위기 앞에 선 우리 앞에 비상구가 보입니다. 우리는 거기로 뛰어가야 합니다. 9·11 테러 때 비행기가 무역센터를 치고 나서 1시간 후에 건물이 무너졌다고 합니다. 당시 어떤 상황이었습니까? 무조건 뛰어야 했습니다. 머뭇거리고 있으면 죽을 수밖에 없는 상황이었습니다.

당시 눈 먼 사람이 개 한 마리를 데리고 몇 십층을 내려왔다고 합니다. 어쩌면 지금이 당신의 인생에서 가장 중요한 탈출을 시도해야 할 때인지도 모릅니다.

"수고하고 무거운 짐을 진 사람들아 다 내게로 오라 내가 너
희를 쉬게 하리라"(마 11:28).

지금은 인생의 방향을 전환할 때입니다. 우리의 지성은 너무 연약합니다. 우리의 경험에는 한계가 따릅니다. 우리의 이성은 불완전합니다. 당신의 이성과 지성과 경험은 자신의 의지로만 되는 게 아닙니다. 그러므로 이제 겸허하게 하나님의 초청에 귀를 기울일 때가 되었습니다. 하나님은 나를 통해 당신에게 말씀하십니다. "Come to me." "내 가슴은 넓다. 나는 너를 사랑하노라. 나는 너를 기다려 왔노라. 이제 눈을 뜨고 귀를 열고 마음을 열어서 내 품에 안겨 봐라. 네 인생을 새롭게 시작하라." 이것이 하나님의 음성입니다.

이 시간을 통해 하나님의 음성에 귀 기울이는 그런 축복이 있길 바랍니다. 우리 안에는 희망이 없습니다. 우리의 미래는 불안하기만 합니다. 어쩌면 하나님은 우리 손에 잡히지도 경험되지도 않는 분일지도 모릅니다. 배고픈 사람이 음식을 앞에 놓고 아무리 분석해 봐야 배가 부르지 않습니다. 영양가가 어떻고, 어느 나라 음식이고 아무리 토론해 봐야 배가 부르지 않습니다. 밥을 정성스럽게 만들어 준 사람을 믿고 따뜻한 밥을 먹어야 배가 부릅니다. 이제 더 이상 방황하지도 흔들리지도 말아야 합니다. 이제 당신의 영혼이라는 닻을 내려야 할 때가 되었습니다. 하나님을 찾고 그분을 만나야 할 때가 되었습니다.

지금 어디로 가고 있는가

　한 성도의 이야기입니다. 마음을 잡지 못하고 방황하는 사춘기에 접어든 아들이 있는데, 책상 앞에 앉는 것을 포기하려는 상태인 것 같다고 합니다. 그래서 그 마음에 아들을 향한 안타까움과 염려로 어둔 그림자가 드리웠습니다. 그러던 어느 날 남편이 사랑하면서 믿고 기다리면 아들의 마음이 돌이켜질 거라고 격려해 주었답니다. 아내의 고민을 함께 나눈 그 남편과 언제나 부인 옆에서 사랑과 위로가 되어 주시는 모든 남편께 이 말씀을 선물로 드리고 싶습니다.

"너는 알지 못하였느냐 듣지 못하였느냐 영원하신 하나님 여호와, 땅 끝까지 창조하신 이는 피곤하지 않으시며 곤비하지 않으시며 명철이 한이 없으시며 피곤한 자에게는 능력을 주시며 무능한 자에게는 힘을 더하시나니 소년이라도 피곤하며 곤비하며 장정이라도 넘어지며 쓰러지되 오직 여호와를 앙망하는 자는 새 힘을 얻으리니 독수리가 날개치며 올라감 같을 것이요 달음박질하여도 곤비하지 아니하겠고 걸어가도 피곤하지 아니하리로다"(사 40:28~31).

"예수님은 좋은데 그분을 믿는 사람들이 조금 거북스럽다"라고 말하는 사람이 있습니다. 그는 하나님을 부인하는 것이 아니라 교회를 거부하고 있다는 생각이 듭니다.

이런 내 생각이 어느 정도 맞는 것 같습니다. 윌로우크릭 교회에서 설문조사를 했는데 "왜 당신은 하나님을 믿지 않고 교회에도 나오지 않습니까?"라는 질문을 했다고 합니다. 그 질문에 여러 가지 대답이 나왔는데, 그중 가장 많은 대답이 "교회에 가면 목사님의 설교가 뜬구름 잡는 것 같다. 현실에 맞는 해답을 주지 않고 세상과 먼 이야기를 하기 때문에 가슴에 와 닿지가 않는다"라는 것이었습니다. 그리고 "교회에 가면 헌금을 너무 강조하는 것 같다"라는 이야기도 나왔고, "어쩐지 예수님을 믿는 사람들은 조금 위선적인 것 같다"라는 대답도 나왔다고 합니다. 믿는다고 하면서도 하나님을 진정으로 만나지 못한 사람들이 많다보니 이런 인상을 주는 것 같습니다.

앞에서도 말씀드렸듯이 인생에서 가장 중요한 것은 속도가 아니라 방향입니다. 신앙생활도 마찬가지입니다. 바른 방향을 가지고 바르게 믿을 때 아름다운 열매가 있습니다. 우리는 방향이 잘못되었을 때 결과가 얼마나 비참한지 잘 알고 있습니다. 비행기의 방향이 잘못되었을 때, 배의 방향이 잘못되었을 때, 빨리 갈수록 위험하고 서두를수록 피해가 커집니다. 우리는 지금까지 속도만 생각하며 살아 왔습니다. "누가 빨리 성공할까, 누가 더 높은 자리에 올라갈까?" 이런 경쟁사회 속에서 다른 사람들을 이겨야 하고 그들보다 빨리 뭔가를 성취해야 하는 삶을 살다 보니 "내가 가는 방향이 과연 옳은 걸까, 옳은 방향을 가고 있는 걸까"라는 문제를 놓치고 있습니다.

만약 옳은 방향으로 가고 있다면 천천히 가는 것은 그리 큰 문제가 되지 않습니다. 빨리 간다, 늦게 간다는 건 시간 차이일 뿐입니다. 늦게 가더라도 방향만 잘 잡으면 반드시 도착하게 되어 있습니다. 우리는 어려서부터 뒤지면 안 되는 분위기에서 성장했습니다. 대학, 직장, 결혼 등 모든 부분에서 남보다 앞서야 된다는 강박관념 때문에 가장 중요한 인생의 방향을 심각하게 고민하지 못하는 덫에 걸린 겁니다. 한참을 가다가 "지금 어디로 가고 있는 거지, 무엇을 위해 살고 있는 거지?"라는 문제의 덫에 걸린 겁니다.

인생에서 중요한 것은 성취나 소유가 아니라 의미입니다. 많은 것을 성취했고 자신이 원하던 것을 소유했다고 해서 정말 행복한가요? 아닙니다. 소유할수록 불안감을 갖게 됩니다.

정말 중요한 것은 의미가 있느냐, 보람이 있느냐 하는 겁니다. 비록 실패했어도, 원하는 것을 갖지 못했어도 의미가 있고 보람이 있다면 크게 절망하지 않습니다. 이처럼 인생에서 정말 중요한 것은 성취가 아니라 의미이고, 속도가 아니라 방향입니다.

또 한 가지를 생각해 볼 수 있습니다. 우리 인생에서 중요한 것 가운데 또 다른 하나는 쾌감과 쾌락이 아니라 감동입니다. 우리 삶의 문제는 감동이 없다는 것입니다. 쾌락과 쾌감은 있지만 "내면에 참 기쁨이 있느냐?"라고 물으면 쉽게 대답하지 못합니다. 마음속 깊은 곳에 평안함, 감동, 찡한 눈물이 있고 "그래 이거야! 하나님은 이런 분이셔. 하나님께 가까이 가고 싶어"라는 것이 있느냐는 질문에 쉽게 대답하지 못합니다.

"거기 있는 사람들은 좀 비켜 주시오. 저 뒤에 계시는 분을 보고 싶은데 당신이 가리고 있소"라고 말하며 모든 장애물을 치워 냈으면 좋겠습니다. 한 형제는 "내게로 오라. 이제 올 때가 되지 않았느냐"라는 어떤 음성을 들었다고 합니다. 당신 또한 "내게로 오라"는 어떤 음성을 듣게 되길 바랍니다.

"당신은 사랑을 받게 위해 태어난 사람입니다"라는 말을 종종 들어 보았을 겁니다. 그렇습니다. 우리는 버림받아 떠돌아다니는 방황하는 존재가 아니라 정말 사랑받기 위해 태어났고, 존중받기 위해 태어난 사람입니다.

하나님은 우리를 사랑하시고 만나기를 원하시고 기다리고 계시는데, 하나님과 우리 사이에 너무 많은 장애물과 장벽, 선입관, 편견 등이 있어 그분을 만나기 전에 지쳐 쓰러지지 않을까 걱정이 됩니다.

40대, 인생의 하프타임

40대는 인생의 허리라고 말할 수 있으며, 또 인생의 반환점이라고 말할 수 있습니다. 20대가 청년기의 시작이고 30대가 청년기의 완성이라고 한다면 40대는 중년기의 시작이고 50대가 중년기의 완성입니다. 또한 60대는 노년기의 시작이고 70대는 노년기의 완성입니다. 이런 의미에서 40대는 누가 말한 것처럼 "인생의 하프타임"입니다. 40대는 운동경기의 전반전을 뛴 것과 같습니다. 전반전을 열심히 뛰고 나서 이제 후반전을 뛰어야 하는 그런 중간 지점에서 하나님이 우리를 불러 주시고 만나 주셨다고 생각합니다.

이 자리에 있는 사람들 중에는 친구의 권면에 의해 나온 사람도 있을 것이고, 아내의 기도와 간절한 소망에 의해 나온 사람도 있을 것이고, 부부싸움 하기 싫어 나온 사람도 있으리라 생각합니다. 그러나 어떤 동기로 왔든지 간에 이 시간은 당신 인생의 하프타임입니다. 일단 전반전을 끝내고 쉰다고 할 때 그 전반전이 성공적인 사람도 있겠고, 전략을 잘못 짜서 실패한 사람도 있을 것입니다.

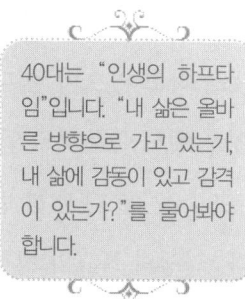

40대는 "인생의 하프타임"입니다. "내 삶은 올바른 방향으로 가고 있는가, 내 삶에 감동이 있고 감격이 있는가?"를 물어봐야 합니다.

이제 우리 인생의 후반전을 어떻게 보내야 합니까? 이 인생의 하프타임에 당신을 초청합니다. 바로 아버지학교입니다. 아버지학교의 주제는 인생의 하프타임으로, 아쯤에서 다시 한 번 자신의 삶에 대해 생각해 볼 필요가 있습니다. "과연 나의 인생 후반전을 어떻게 될 것인가, 내 삶은 올바른 방향으로 가고 있는가, 내 삶에 의미가 있는가, 내 삶에 감동이 있고 감격이 있는가?"를 물어봐야 합니다.

나는 당신이 삶의 비전을 발견하길 바라고 삶의 방향과 키를 확실하게 선택하길 바랍니다. 그리고 당신의 삶이 크든 작든 성공했든 실패했든 간에 삶의 의미를 갖길 바라고, 당신의 삶이 누가 봐도 감동적이고 축복이 되길 바랍니다.

어떻게 삶의 하프타임을 시작할 것인지 몇 가지 제안을 하고 싶습니다.

첫 번째, 가장 중요한 것은 자기발견입니다. 자신이 누구이고, 무엇을 하고 있으며, 어디로 가고 있는지를 모르거나 잊어버렸다면 무엇을 해도 아무것도 얻지 못할 것입니다. 이 시간에 "Who am I(내가 누구인가)?"를 다시 한 번 생각해 보는 축복이 당신과 함께하길 바랍니다. 인생의 목표와 방향, 인생의 의미와 보람, 삶의 감격을 회복하길 바랍니다. 적어도 자신의 삶에 대해 눈물이 있어야 합니다. 자기 자식을 생각할 때 눈물이 있어야 합니다.

며칠 전에 자식 때문에 너무 속상하다는 아버지로부터 기막힌 간증을 들었습니다. 아이가 아버지의 자존심을 송두리째 뒤집어 놓을 뿐 아니라 복수하듯 아버지가 싫어하는 짓만 골라서 한다는 것입니다. 그래서 아이를 때려도 보고 감금도 시켜 보고 별짓을 다했지만 소용이 없었다고 합니다. 그 아버지의 이야기를 듣고 이렇게 말해 주었습니다.

"그 아이를 비판하지 마십시오. 평가하지 마십시오. 자신의 수준으로 끌어올리려고 하지 말고 아들 수준으로 내려가 주십시오. 아들이 아버지 수준에 올라오는 것은 힘들지만 아버지가 아들의 수준으로 내려가는 것은 얼마든지 할 수 있습니다. 바로 아버지이기 때문입니다. 자존심을 꺾고 아들 수준으로 내려가십시오."

내 말을 듣고 실행에 옮겼더니 아들이 변하기 시작했다는 것입니다. 아버지가 내려와 주니까 아들이 변하기 시작한 겁니다.

부인한테는 웬만하면 져 줘야 합니다. 그러면 행복이 오기 시작하고 축복이 오기 시작합니다. 이것이 인생에 찡한 감격입니다. 아들이 돌아오고, 부부간에 다시 눈물이 생기고, 잠자리에서 두 사람이 다시 손을 꽉 잡는 감격이 함께하길 바랍니다.

이때 무엇보다 자기발견이 중요합니다. 그런데 다른 사람들이 자신의 얼굴을 보지 못하는 것처럼 당신도 자신의 얼굴을 보지 못합니다. 우리는 다른 사람들과의 관계에서 자신을 발견하게 됩니다. 즉 아내의 얼굴 속에서 자화상을 보게 됩니다.

아내가 신경질을 낸다면 그것은 당신의 자화상입니다. 부인을 신경질 나게 만든 사람은 다름 아닌 당신 자신입니다. 부인이 행복하게 웃고 눈물을 흘리고 감격한다면 그것 또한 당신의 모습입니다. 당신 그렇게 만든 것이기 때문입니다. 절대로 스스로를 그렇게 만들지 못합니다. "아빠" 하고 부르며 아들이 가슴에 안긴다면 그것은 당신의 자화상입니다. 당신이 아버지 역할을 잘해 주었으므로 아들이 그렇게 반응한 것 아니겠습니까. 매일 술 마시고 소리 지르는 아버지한테 누가 "아빠" 하고 달려오겠습니까. 오히려 슬슬 피해 다닐 겁니다. 무서워 반항하지 못하지만 절대 마음을 주지 않을 겁니다.

이처럼 우리 인생의 진정한 발견은 나 자신에게 있지 않습니다. 거울을 통해 나를 보는 것처럼 하나님을 발견할 때 자신이 보입니다. 거울을 통해 나를 보듯 나를 만드신 분을 만나면 자화상을 보게 됩니다. 나의 허물도 보게 되고, 오만도 보게 되고, 편견도 보게 되고, 실수도 보게 됩니다. 하나님은 완전한 분이시기 때문입니다. 불완전한 사람을 보면 자신의 불완전함이 보이지 않지만, 완전한 사람을 보면 자신의 불완전함이 보이기 시작합니다. 그러면 겸손하게 되고, 잘못했다고 말하게 되고, 누구를 만나든지 겸손할 수 있습니다.

인생의 후반전을 어떻게 뛸 것입니까? 속도를 중요하게 생각했고, 성취와 소유를 중요하게 생각했고, 쾌락을 추구했던 삶이 변화하기 위해서는 하나님을 만나야 합니다.

"하나님은 누구입니까? 어떤 분입니까?" 당신은 하나님 없이 인생을 홀로 시작할 수 있습니까? 혼자서 인생을 살아갈 수 있다고 주장할 수 있습니까? "나는 혼자의 힘만으로 성공할 수 있다"라고 자신 있게 말할 수 있습니까?

가끔 설사할 때마다 은혜를 받습니다. 인간은 설사 한번으로도 꼼짝을 못 하는 나약한 존재라는 사실을 깨닫기 때문입니다. 토사곽란으로 무려 26번이나 화장실을 드나들었던 적이 있습니다. 병원에 입원한 아내를 돌보다가 자장면을 잘못 먹어 병간호 중에 화장실을 무려 26번이나 왔다 갔다 했습니다. 결국 두 사람이 함께 입원을 하고 말았습니다. 이처럼 인간은 약한 존재입니다.

인생은 지뢰밭과 같습니다. 지뢰밭을 걸으면 언제 어디서 지뢰가 터질지 아무도 모릅니다. 지금까지 안 터지고 잘살아 왔다고 안심해선 안 됩니다. 어떤 사람은 다리를 잃었고, 어떤 사람은 시력을 잃었습니다.

어머니의 손을 놓친 어린아이가 공원에서 울고 있다고 생각해 봅시다. 위기는 삶의 한복판에서 반드시 겪어야 하는 것입니다. 살다 보면 생각지 못한 사건을 겪게 됩니다. 사랑하는 사람이 죽을 수도 있고, 전혀 예견하지 못했던 큰 태풍에 휘말려 빠져나가지 못할 수도 있습니다. 태풍의 눈 속으로 빨려 들어가면 우리 힘으로 어떻게 할 수가 없습니다. 위기의 한복판에는 언제나 생각지 못한 변수와 사건이 우리를 기다리고 있습니다.

그러므로 인생의 후반전을 뛸 때 더 이상 혼자 가는 일이 없기를 바랍니다. 우리를 사랑하시고, 인도하시고, 축복하시고, 기다려 주시는 하나님의 손을 붙잡고 인생의 후반전을 뛰게 된다면 우리는 안심하고 갈 수 있습니다.

가정을 발견하라

자기를 발견하고, 하나님을 발견했다면 이제 가정을 발견해야 합니다. 가정은 모든 것의 원천입니다. 가정을 잃으면 모든 것을 잃게 됩니다. 사랑하는 아내와 아이들이 기다리는 곳, 존경하는 부모가 있는 곳. 가정이라는 그라운드를 잃어버린다면 우리는 세상에서 무엇을 얻을 수 있습니까? 세상에서 어떤 성공을 거둔다 할지라도 가정을 잃고 가정이 파괴되면 아무것도 남는 게 없습니다.

인생의 후반전을 준비하는 사람에게 가정의 소중함을 다시 한 번 강조하고 싶습니다. 가정을 지키는 사람은 다름 아닌 남편입니다. 가장인 남편이 바로 서면 떠났던 부인도 돌아옵니다. 아버지가 바로 서면 아이들도 돌아옵니다. 행복한 가정의 가장 중요한 키를 가진 사람은 바로 남편이자 아버지인 가장입니다. 당신이 마음만 먹는다면 가정이 평안하고 행복한, 축복의 장소로 변할 줄로 믿습니다.

지금부터라도 가정을 챙겨야 합니다. 지친 아내의 손을 잡아 주고, 꽃을 선물하고, 전화해 주고, 칭찬해 주고, 아내를 축복해 주어야 합니다. 아내의 마음을 이해하고 이야기를 들어주고 축복해 주면 저녁 반찬이 달라질 것입니다. 당신이 입은 옷을 세탁하는 그 손길도 바뀔 겁니다.

현관에 들어섰을 때 아이들이 뛰어나오면서 "아빠"라고 부르며 안겨야 합니다. 우리는 이런 가정을 만들어야 합니다. 이 가정을 지킬 때 세상에서 성공하든 실패하든, 그리고 무엇을 하든지 간에 행복의 그라운드를 놓치지 않게 됩니다. 이런 가정을 만들기 위해서는 첫째 하나님을 만나야 합니다. 하나님 없이 사는 인생처럼 위태로운 인생은 없습니다. 그리고 가정을 찾아야 합니다. 가정을 찾는 가장 확실한 열쇠는 남편이 가지고 있습니다. 아내는 이 일을 하기가 어렵습니다. 당신이 변하지 않으면 자식이 울고 통곡하게 됩니다. 반면 남편이 변하면 아내가 변하고 자식이 변하고 가정은 축복의 장소로 변합니다.

나는 인생의 후반전을 뛸 때 교회를 발견하게 되길 바랍니다. 교회에 대한 부정적 이미지가 많은데, 개인적으로 좋은 교회, 좋은 목사를 만난 사람처럼 행복한 성도가 없다고 생각합니다. 그것은 축복입니다. 꼭 온누리교회가 아니더라도 마음을 따뜻하게 만들어 주고, 위로하고, 격려하고, 축복하고, 그런 사랑을 나눌 수 있는 공동체를 찾아가야 합니다.

인간은 혼자 힘으로 안 되기 때문에 친구도 찾고 동창도 찾는 것입니다. 가정만 갖는다고 모든 문제가 해결되는 것은 아닙니다. 이런 사회적 공동체가 반드시 필요한데, 교회는 당신 인생의 후반전을 아름답게 만들어 줄 겁니다. 함께 전도여행을 다니고, 가난한 사람을 돕고 구제하면서 우리 사회를 위해 어두운 구석을 밝히는 아름다운 교회, 축복된 교회를 만나는 것도 축복입니다.

교회에서 만나는 축복 중 가장 중요한 것이 일주일에 하루는 어떤 일을 하고 있든지 스톱한다는 점입니다. 스톱하지 않으면 절대 전진할 수 없습니다. 만성피로에 시달리며 삶의 의미를 잃어버린 사람은 스톱하지 않았기 때문입니다. 계속 달리기만 해서 그런 일이 일어난 것입니다.

성경은 "6일 동안은 달려라. 그리고 하루는 스톱하라"고 말씀합니다. 스톱해서 삶의 에너지를 보충하고 가족들과 함께 하나님을 만나 교제하고 다시 시작할 준비를 하는 것이 안식일 개념입니다. 우리가 안식일을 지키는 게 아니라 안식일이 우리를 지켜 줍니다.

우리 사회는 밤이고 낮이고 쉬지 않고 달립니다. 사람들은 술을 마시고 나이트클럽에 가서 쾌락을 추구하지만 몸은 점점 지쳐 가고 정신적으로도 피곤해집니다.

> 교회를 발견함으로써 인생의 후반전을 멋지게 시작할 수 있기를 바랍니다. 지금은 비상할 때입니다. 오래 엎드려 있는 새가 높이 날고 높이 나는 새가 멀리 봅니다.

이런 시각에서 보면 유대인의 안식일은 큰 의미를 가졌다고 말할 수 있습니다. 이를 온누리교회에 적용해 보려고 합니다. 금요일 저녁 해가 질 때 유대인은 안식일을 지키기 위해 일에서 전부 손을 떼고 온 가족이 모여 촛불을 켠다고 합니다. 이것이 유대인의 안식일에 대한 상징입니다. 24시간 동안 음식을 만들어 먹으며 세상적인 일과 단절한 채 안식일을 잘 지키고 나서 다시 일상생활을 시작합니다. 그래서 새로운 활력을 얻습니다. 우리에게도 이 같은 활력이 필요합니다.

나는 교회를 발견함으로써 인생의 후반전을 멋지게 시작할 수 있기를 바랍니다. 그런 의미에서 다음 성경구절을 다시 한 번 읽어 봅시다.

"너는 알지 못하였느냐 듣지 못하였느냐 영원하신 하나님 여호와, 땅 끝까지 창조하신 이는 피곤하지 않으시며 곤비하지 않으시며 명철이 한이 없으시며 피곤한 자에게는 능력을 주시며 무능한 자에게는 힘을 더하시나니 소년이라도 피곤하며 곤비하며 장정이라도 넘어지며 쓰러지되 오직 여호와를 앙망하는 자는 새 힘을 얻으리니 독수리가 날개치며 올라감 같을 것이요 달음박질하여도 곤비하지 아니하겠고 걸어가도 피곤하지 아니하리로다."

당신의 어깨에 독수리의 날개가 붙여지기를 바랍니다. 지금은 비상할 때입니다. 오래 엎드려 있는 새가 높이 날고 높이 나는 새가 멀리 봅니다. 이제 제대로 된 방향을 잡고, 비전을 가진 목표를 설정하고, 인생의 의미를 찾고, 삶의 보람을 느끼고 감동과 감격 속에서 하나님을 향해 날개를 펼치고 날아가면서 당신 인생의 후반전을 축복의 후반전으로 장식하고 싶지 않습니까!

자신을 발견하고 하나님을 발견하고 가정을 발견하고 교회를 발견해서 욕망의 사슬에서 벗어나고, 세상적인 성공의 우상을 벗어던지길 바랍니다. 또한 당신으로 인해 아내가 눈물을 흘리고 자녀들이 기뻐하고, 직장이 밝아지는 축복이 함께하기를 기도합니다.

가장 소중한 친구, 아내와 자녀

"사람이 친구를 위하여 자기 목숨을 버리면 이보다 더 큰 사랑이 없나니 너희는 내가 명하는 대로 행하면 곧 나의 친구라 이제부터는 너희를 종이라 하지 아니하리니 종은 주인이 하는 것을 알지 못함이라 너희를 친구라 하였노니 내가 내 아버지께 들은 것을 다 너희에게 알게 하였음이라"(요 15:13-15).

앞에서 우리는 '쉼'에 대한 이야기를 나눴습니다. 우리에게는 파도처럼 끊임없이 밀려오는 빠르게 돌아가는 삶에서 잠깐 스톱해야 하는 시간이 필요하다고 했습니다. 빨리 달리다 보면 옆이 보이지 않습니다. 운전할 때 액셀러레이터를 밟으면 운전대를 꽉 잡고 앞만 봐야지 옆을 둘러볼 여유가 없습니다.

우리는 속도를 조절해야 합니다. 브레이크가 없으면 큰 사고가 납니다. 속도가 곧 성공은 아닙니다. 속도를 조절하기 위해서는 잠깐 스톱해야 할 때도 있습니다. 경기에도 하프타임이 있습니다. 잠깐 쉬면서 자기를 살펴보고 지나온 길을 돌아보면서 문제점을 발견하고 다시 시작해야 합니다. 지금 이 시간이 인생을 다시 시작하는 출발점이 되기를 바랍니다. 과거에는 혼자 시작했지만 이제는 함께 시작할 분이 계십니다. 바로 하나님이십니다. 그리고 이것이 신앙입니다.

'친구'가 가장 필요할 때가 언제입니까? 사춘기입니다. 자녀들에게 가장 중요한 것이 무엇이냐고 묻는다면 좋은 부모라는 대답을 듣기 힘듭니다. 사춘기를 겪고 있는 자녀들에게 가장 소중하고 필요한 존재는 바로 친구입니다.

이런 대답을 들은 부모는 "어떻게 너는 부모보다 친구를 더 좋아하느냐"라고 말하며 서운해합니다. 대부분의 시간을 부모와 함께 보내다가 학교에 가면 친구를 사귀게 되고 마음에 맞는 친구를 만나면 정신없이 빠져들게 됩니다. 특히 사춘기인 중학교, 고등학교 때 아이들이 가장 필요로 하는 대상은 바로 친구입니다.

사춘기 자녀를 둔 부모에게 몇 가지 조언을 하면 아이의 친구를 절대 비판해선 안 된다는 겁니다. 아주 큰 재앙이 내릴 겁니다. 또 한 가지, 자녀를 사랑한다면 사춘기를 겪는 자녀의 친구에 대해 관심을 가져 주고 좋은 친구를 사귈 수 있도록 환경을 만들어 주어야 합니다. 아이들이 어떤 친구에게 빠질지 아무도 모릅니다. 친구 만나는 것을 말린다면 아이들은 집을 나가서라도 만나고, 부모를 속여서라도 만납니다. 그만큼 사춘기에는 친구를 필요로 합니다. 가능하면 귀찮고 힘들지만 자녀들의 친구를 집으로 초대해 아이들이 건강한 친구관계를 맺을 수 있도록 도와주어야 합니다. 그래야만 아이들이 사춘기를 잘 보낼 수 있습니다.

사춘기가 지나고 대학에 들어가고 결혼을 하게 되고 직장을 가지면서 30대가 시작되는데, 30대는 치열한 경쟁 속에서 살게 됩니다. 그 경쟁 속에 들어가서 생존경쟁을 벌이게 됩니다.

박사학위를 받기 위해 공부하는 사람들을 보면 불쌍할 정도입니다. 논문 하나를 쓰기 위해 얼마나 많은 고생을 하는지 모릅니다. 한 친구가 독일에서 신학박사 학위를 했는데 마지막 논문이 안 써져 몇 년 동안 죽을 고생을 하다가 마침내 자포자기하는 상황까지 가게 되었답니다. 그러자 부인이 도어 매트 하나를 사오더니 남편 앞에 갖다 놓고 "당신 여기서 무릎 꿇고 죽어"라고 말했다고 합니다. 그 말을 듣는 순간 정신이 번쩍 들었고, 힘을 내어 논문을 써서 박사 과정을 마칠 수 있었답니다. 이처럼 공부는 결코 쉬운 일이 아닙니다.

한편 직장생활을 하는 사람도 생존경쟁이 치열하다 보니 속도와 성취와 욕심과 쾌락의 굴레에 묶이게 됩니다. 그러다가 친구를 잃어버리게 되는데, 그때는 친구가 예전처럼 필요하거나 중요하게 생각되지 않습니다.

다시 찾아온 사춘기

40대는 제2의 사춘기입니다. 어린 시절의 사춘기와는 다르지만 40대가 되면 다시 친구가 생각납니다. 친구도 우정도 가정도 팽개치고 오직 성공을 향해 뛰어가던 삶에 브레이크가 걸려 건강 문제가 발생하거나 허무주의에 빠지면 40대에 들어 옛날 친구를 찾게 됩니다.

'아이 러브 스쿨'이라는 인터넷 사이트가 있는데, 학교 이름만 치면 동창을 찾아 주는 프로그램으로 한때 대단한 인기였습니다. 당시 이 사이트에 가장 많이 접속하는 사람이 40대였다고 합니다. 정신없이 달려오다가 40대가 되면 초등학교, 중학교 동창이 생각나서 '그 친구들은 어디서 뭘 하고 사나' 하는 궁금증에 찾아보게 된다고 합니다. 그러다가 오랜만에 만나 잊고 지내던 사랑을 다시 꿈꾸다가 불륜으로 이어지는 사람도 있었다고 합니다. 얼마나 외롭다는 생각이 들었으면 어린 시절의 친구를 찾겠습니까! 이것이 바로 제2의 사춘기를 맞이하는 우리 시대의 정신적 방황입니다.

직장생활을 하다 보면 술친구가 생깁니다. 1차 2차 3차까지 가는 술친구들과는 이런저런 이야기를 다 한다고 합니다. 그런데 술을 많이 마시는 어떤 사람의 고백을 들어 보니 진짜 술친구들은 속을 안 보여 준다고 합니다. 정말 중요한 이야기는 안 하고 그냥 헛소리나 하고 객기 부리고 굉장히 잘난 척하고 자신을 다 보여 준 것처럼 말하지만 진짜 중요한 이야기는 하지 않는다고, 아니 못 한다고 합니다. 그리고 밤새도록 고스톱을 함께 치는 도박친구도 있습니다.

요즘에는 좀 건전한 친구들이 있는데, 바로 골프친구입니다. 새벽기도는 안 나와도 새벽부터 골프를 치러 다니는 사람들이 있습니다. 그리고 밤새우면서 함께 낚시를 하는 친구도 있습니다. 보통 정성이 아닙니다. 한창 맛들인 사람들은 날씨와 상관없이 새벽부터 필드에 나가거나, 밤새 낚시를 한다고 합니다.

목사들은 골프를 많이 치지 않는데, 밤새 낚시를 하다가 다음 날 설교하는 것을 잊어버려 교인들한테 원성을 들은 목사 이야기를 들은 적이 있습니다.

문제는 40대에 다시 만난 친구들이 초등학교, 중학교, 고등학교 때 만났던 그 친구가 아니라는 것입니다. 향수와 그리움을 갖고 있을 뿐이지 막상 만나 보니 서로의 입장과 처지가 다르고 경제적 수준도 달라서 대화가 잘 통하지 않는다는 것입니다.

'왜 사람들은 친구를 그토록 원하는 걸까?' '40대가 되면 왜 다시 친구를 찾는 걸까?' 여러 가지 이유가 있겠지만 한 마디로 말하면 외롭기 때문입니다. 사랑에 대한 목마름이 있기 때문입니다. 사람에게는 누구나 인정받고 싶은 욕구가 있습니다. 끊임없이 누군가한테서 인정받고 싶어 합니다. '인정에 대한 목마름'입니다.

때로는 격려를 받고 싶습니다. 그런데 지혜롭지 못한 사람은 자꾸 질투하고 비판합니다. 그러면 그 친구와는 다시 만나고 싶지 않다고 말합니다. 친구로 지내기가 싫다고 이야기합니다.

우리는 함부로 충고해선 안 됩니다. 충고를 받고 고칠 수 있었다면 예전에 고쳤을 겁니다. 기도하지 않고 충고하면 상대방은 상처를 받습니다. "그래, 나는 충고해 주는 사람이 있다는 사실이 얼마나 감사한지 몰라"고 말하는 친구가 있다면 그 말에 속지 않기를 바랍니다. 사람은 충고에 관대한 마음을 갖기가 힘듭니다. 동질성의 목마름으로 죄를 지어도 함께 짓고 싶어 합니다. 도박을 하면 옆에 있는 친구까지 끌어들이고 술을 마시면 옆에 있는 친구한테 술을 권합니다. 함께 죄를 짓는다는 사실에 위로받고 싶은 겁니다.

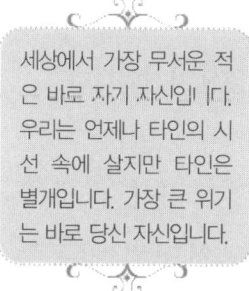

세상에서 가장 무서운 적은 바로 자기 자신입니다. 우리는 언제나 타인의 시선 속에 살지만 타인은 별개입니다. 가장 큰 위기는 바로 당신 자신입니다.

또 어떤 사람들은 나눔에 대한 목마름을 갖고 있습니다. 무엇을 좀 나누고 싶은데 나눌 대상이 없는 겁니다. 친구들 중에 정말 좋은 친구는 말을 잘 들어주는 사람입니다. 힘든 순간 다른 사람이 이야기만 들어줘도 위로를 받습니다.

사람은 누구나 자신에 대해 잘 알고 있습니다. 자신의 잘못을 몰라서 안 고치는 게 아니라 알면서도 고치기가 너무 힘들어 못 고칩니다. 부부관계도 마찬가지입니다. 수용처럼 위대한 용서는 없습니다.

그런데 문제는 밤새도록 술을 마시고 골프를 하고 낚시를 하고 등산을 간다고 해서 '마음속 깊은 곳까지 울림을 줄 수 있느냐' 하는 겁니다. 그렇지 못하다는 데 문제가 있습니다. 결국 남는 것은 자기 자신뿐입니다.

세상에서 가장 무서운 적은 바로 자기 자신입니다. 우리는 언제나 타인의 시선 속에 살지만 타인은 별개입니다. 가장 큰 위기는 바로 당신 자신입니다.

진정한 친구는 누구인가

친구관계를 좀 더 생각해 보면 배신이라는 단어가 떠오릅니다. 우리는 언젠가 배신의 벽 앞에 서게 됩니다. 돈 때문에 친구를 배신하게 됩니다. 우정과 돈 중에 뭐가 강합니까? 우정과 권력 앞에 뭐가 강합니까? 과연 우정이 강합니까? 대부분의 사람은 마지막에 가서 권력에 무릎을 꿇고 자신이 살기 위해 친구를 버립니다. 친한 친구 사이였지만 결정적인 순간에 부도나도록 만들고 맙니다. 사랑하는 여자 때문에 친구를 배신하는 수도 있습니다. 우리는 이처럼 우정의 무력함을 경험할 때가 있습니다.

삶의 위기에 빠졌을 때 남는 것은 친구가 아니라 아내입니다. 병들어 쓰러지면 아내와 자식이 곁에 남습니다. 그래서 가정이 소중한 것입니다. 우리가 가정을 지켜야 하는 이유가 여기 있습니다. 만약 가정을 잃어버리면 인생의 위기 앞에, 결정적인 고난 앞에 설 자리가 없습니다.

당신에게 가장 중요한 친구는 아내입니다. 아내를 친구처럼 사귀어야 합니다. 그래서 자신의 이야기를 들어주고 자신의 외로움과 고독과 슬픔을 나눌 수 있는 반려자가 필요합니다. 그런데 그런 아내를 때리고 귀하게 생각하지 않고 천박하게 만드는 사람이 있습니다. 그런 사람은 위기가 닥쳤을 때 돌아갈 곳이 없습니다. 또 하나 굉장히 중요한 친구가 있는데, 바로 당신이 낳은 자녀입니다. 자녀도 아내처럼 친구가 되어야 합니다.

이 두 존재가 없으면 인생의 위기가 닥쳤을 때, 고난이 닥쳤을 때 갈 곳이 없습니다. 어린 시절에 사귄 친구는 친구가 아닙니다. 술친구는 친구가 아닙니다. 함께 골프를 치는 친구는 친구가 아닙니다.

그들은 결정적인 순간 아무런 도움도 주지 않습니다. 당신이 돈을 가졌거나 잘나가거나 인기가 있으면 친구들은 곁에 있습니다. 그러나 사업이 망하고 병들고 어려움에 처하면 과연 끝까지 남아 있을 친구가 있을까요? 혹시 남아 있다면 다름 아닌 당신의 아내일 겁니다. 그리고 당신의 자녀일 겁니다.

> 아내와 자녀가 당신의 친구가 되면 비록 세상에서 실패하고 버림받았을지라도 가정으로 들어오면 회복될 수 있습니다.

그동안 아내를 괴롭히고 업신여기며 살아 왔다면 더 이상 학대하지 않기를 바랍니다. 나이 40이 되면 아내를 새롭게 발견해야 합니다. 40이 되어서도 아내의 소중함을 발견하지 못한다면 철이 안 난 것입니다. 좀 더 고생을 해야 합니다. 당신이 어떻게 대하는지에 따라 아내는 그에 상응하는 보상을 해 줍니다. 잘해 주면 기어오를 거라고 생각해선 안 됩니다. 절대로 그렇지 않습니다. 당신이 하나를 주면 두 개로 보상합니다. 아내는 당신의 사랑에 목말라 하고 있습니다. 따뜻한 말 한 마디, 다정하게 내미는 손길을 그리워합니다. 아내는 당신의 자화상입니다.

그리고 자녀를 함부로 대해선 안 됩니다. 공부를 못해 대학을 1년 늦게 가면 어떻습니까! 대학을 5년 다니면 어떻고, 중학교나 고등학교를 조금 늦게 가면 어떻습니까! 그런 것은 중요하지 않습니다. 무슨 일이 벌어졌을 때 사건은 지나가도 상처는 남습니다. 그 사건은 시간이 지나면 잊혀지게 마련입니다. 그러나 그때 가슴에 못을 박았던 상처는 10년, 20년이 지나도 남습니다. 무슨 일이 일어났을 때 상처를 주지 않도록 조심해야 합니다.

아내가 그릇을 깨면 남편들은 얌전치 못하다고 야단을 칩니다. 그릇은 깨라고 있는 것입니다. 그릇은 중요한 물건이 아닙니다. 한참 싸우다가 "당신 집안은 왜 그 모양이야?"라고 하면 이것은 상처가 됩니다. 이때 마음의 상처는 오래갑니다. 그래서 무서운 것입니다.

나는 당신의 아내가 보석처럼 빛나는 아름다운 사람이 되기를 바랍니다. 자녀들은 당신의 DNA를 그대로 받은 존재로 당신의 자화상입니다. 아내와 자녀가 당신의 친구가 되면 비록 세상에서 실패하고 버림받았을지라도 가정으로 들어오면 회복될 수 있습니다.

술친구도, 골프친구도, 등산친구도 당신의 인생에서 결정적인 순간에는 파트너가 되지 못합니다. 당신의 파트너는 바로 아내입니다. 늘 당신 곁을 지키는 정말 좋은 친구는 바로 아내요, 자녀입니다. "아빠"라고 부르며 안기는 아이와 출근한 남편을 위해 교회에 와서 조용히 기도해 주는 아내, 이들의 존재만으로도 얼마나 행복한 기분이 듭니까!

그런데 이런 아내와 자식보다 더 좋은 친구를 소개하겠습니다. 바로 예수 그리스도이십니다. 앞에서 언급한 성경말씀 속에 예수님이 정의하는 친구의 세 가지 모습이 나옵니다.

목숨까지 버릴 수 있어야 진정한 친구

첫째, 진짜 친구는 목숨을 버립니다. 목숨을 버리지 않는다면 진정한 친구가 아닙니다. "사람이 친구를 위하여 자기 목숨을 버리면 이보다 더 큰 사랑이 없나니"(요 15:13)라는 말씀처럼 친구를 위해 자기의 생명을 아낌없이 줄 수 있는 관계, 그런 친구가 세상에 어디 있겠습니까! 그런데 그런 친구가 있습니다. 바로 예수 그리스도이십니다. 예수님은 우리를 사랑하셔서 하늘 보좌를 버리고 이 세상에 오셨습니다. 오실 때도 마구간으로 오셨습니다. 오셔서 우리를 위해 십자가에 못 박혀 죽으심으로써 자신의 생명을 주셨습니다. 이것이 친구입니다.

> 예수님은 우리 아픔에 동참해 주셨습니다. 예수님은 따뜻한 눈으로 바라보며 우리의 아픔에 참여하고 동참해 주셨습니다. 그래야만 친구가 됩니다.

친구는 상대방의 얘기를 들어줄 수 있는 사람입니다. 예수님이 얘기를 많이 하신 것 같아도 성경에 보면 그분은 별로 말이 없었습니다. 예수님은 꼭 중요한 말만 하셨고, 대부분 사람들의 얘기를 들어주셨습니다.

아내와 친구가 되고 싶습니까? 그러면 설교하지 말고 아내의 이야기를 잘 들어주어야 합니다. 밤을 새는 한이 있어도 이야기를 들어주어야 합니다. 왜 지치도록 이야기를 계속하는지 압니까? 제대로 안 들으니까 그런 겁니다. 아내 생각에 남편이 자기 이야기를 한 번도 들은 적이 없다는 겁니다. 그게 잔소리입니다. 잔소리는 상대방이 자기 이야기를 듣지 않았다고 느끼기 때문에 반복적으로 하는 겁니다. 진짜로 들어주면 계속하지 않습니다.

'바가지'는 결국 아내 이야기를 한 번도 안 들어주었다는 뜻입니다. 그러니까 했던 소리를 자꾸 반복하는 겁니다. "내 얘기 좀 들어 달라"는 것입니다. 그때 아내의 이야기를 들어주면 기적이 일어납니다. 오늘부터 아내의 이야기를 꼭 들어주길 바랍니다. "얘기해 봐"라고 하면서 자꾸 이야기를 시켜야 합니다. 그러면 생각지 못했던 일이 벌어집니다.

예수님의 특징은 이야기를 들어주신다는 것입니다. 만약 2천 년 전으로 돌아갈 수 있다면 예수님은 호수 같은 눈으로 우리를 바라보면서 미소를 지으실 것 같습니다. 예수님은 호탕하게 웃지 않으셨을 것 같습니다. 그냥 살짝 미소를 머금은 채 "네 얘기 좀 해 봐. 얼마나 외로운지"라고 하셨을 것 같습니다.

예수님은 우리 아픔에 동참해 주셨습니다. 창녀에게는 창녀처럼, 병든 사람은 병든 사람처럼, 귀신 들린 사람은 귀신 들린 사람처럼 예수님은 따뜻한 눈으로 바라보며 그들의 아픔에 참여하고 동참해 주셨습니다. 그래야만 친구가 됩니다. 위로하고, 격려하고, 용기를 주고, 실수를 하면 "다시 해 봐" 하고 힘을 실어 주고, 잘못하면 "그건 중요한 게 아니야, 나도 그런 실수해" 하며 용서해 주고 격려해 주시는 분이 예수님일 거란 생각이 듭니다.

그래서 예수 믿는 사람이 꼴 보기 싫고 교회가 싫어도 예수님이 싫다는 사람은 이 세상에 없습니다. 솔직히 예수님이 잘못했다고 말하는 사람을 만난 적이 없습니다. 그분은 우리의 이야기를 들어주시고, 우리의 아픔에 동참해 주시고, 우리를 어루만져 주시고, 우리를 만나면 손을 꼭 잡아 주실 것 같습니다. 그리고 이야기는 많이 안 하실 것 같습니다.

가장 은혜받는 이야기 중 하나가 간음하다가 현장에서 붙잡힌 여자에 관한 것입니다. 사람들이 간음한 여자를 돌로 치려고 하자 예수님은 "죄 없는 자가 먼저 돌로 치라"(요 8:7)고 한 마디 하셨습니다. 그러자 사람들이 하나둘 흩어지더니 예수님하고 그 여자가 남았습니다. 그때 예수님은 "여자여, 어쩌다가 이런 꼴이 됐느냐"라고 질문하지 않으셨습니다. 그런 질문을 하셨다면 이 여자는 갈 데가 없었을 겁니다. 예수님은 "여자여, 너를 고발하던 그들이 어디 있느냐"(요 8:10)라고 질문하십니다. 그때 여자는 충격을 받아 "없나이다"라고 대답합니다. 이 말에 예수님은 "나도 너를 정죄하지 아니하노니 가서 다시는 죄를 범하지 말라"(요 8:11)고 말씀하시고 떠났습니다.

떠나실 때 이 여자는 뒤돌아서서 울었을 겁니다. 사람들이 돌로 쳐서 죽이려고 했지만 자신을 정죄하지 않았던 그분, 자신의 과거를 묻지 않았던 그분, 자신을 이해하고 사랑하고 용서했던 그분. 그래서 이 여자와 예수님은 친구가 된 것입니다. 이것이 친구입니다.

믿어 주어야 진정한 친구

두 번째, 정말 좋은 친구에 대한 이야기를 하겠습니다. "너희는 내가 명하는 대로 행하면 곧 나의 친구라"(요 15:14)는 구절을 보면 진짜 친구는 상대방을 신뢰합니다. 믿어 주는 관계, 이것이 친구입니다. 당신의 아내를 믿어 주고 자녀를 믿어 주는 그런 관계가 되기를 바랍니다.

예수님은 사기꾼 같고 순간순간 잘 변하는 나를 믿어 주셨습니다. 참으로 충격적인 사실이 아닐 수 없습니다. 예수님은 나를 목사로 만드시고, 날 믿어 주셨습니다. 그래서 목회를 할 수 있는 것입니다. 예수님이 믿어 주고 신뢰하지 않으셨다면 어떻게 목회를 하겠습니까.

예수님은 이처럼 우리를 믿어 주십니다. 믿어 줘야 친구가 됩니다. "내 말을 들으면 나의 친구라." 그 사람의 말을 믿는다는 것은 인격을 신뢰한다는 뜻입니다. 인격을 신뢰하면 모든 일이 수월해집니다.

우리의 참된 친구, 예수님

세 번째, 예수님은 참된 친구에 대해 "이제부터는 너희를 종이라 하지 아니하리니 종은 주인의 하는 것을 알지 못함이라 너희를 친구라 하였노니 내가 내 아버지께 들은 것을 다 너희에게 알게 하였음이라"(요 15:15)고 말씀하셨습니다. 친구의 반대가 무엇입니까? 바로 종입니다. 종은 부리는 사람입니다. 명령을 내리고 의견을 묻지 않고 일방적으로 말하고 밀어붙입니다.

당신의 아내는 종입니까, 친구입니까? 우리는 친구라고 말하면서도 "이것 가져와" "저거 가져와" "이거 해" "저거 해"라고 명령하며 자기 마음대로, 자기 생각대로 안 되면 화를 내고 야단을 칩니다. 그것은 종을 대하는 태도입니다. 그 관계는 결코 친구라고 말할 수 없습니다. 그래서 불행해진 겁니다. 종이 되고 싶은 사람이 어디 있겠습니까! 친구가 되어야 행복합니다. 행복의 비결은 종의 관계를 만들지 않는 것입니다.

직장에서도 아랫사람은 부하이지 종이 아닙니다. 직장생활을 할 때 윗사람과의 관계에서 그 사람의 부하일지언정 종이 아니란 말입니다. 또한 돈으로 사람을 종처럼 부려서도 안 됩니다. 그러면 불행해집니다.

사람을 부리면 왕이 된다고 생각합니까? 그러면 오히려 불행해지고 비참해집니다. 진짜 친구는 우리의 느낌이나 생각, 계획을 다 알고 있습니다. 이분이 예수 그리스도이십니다.

40대가 정말 멋지고 황홀하고 축복받은 나이가 될 수 있는 비결이 있다고 믿습니다. 우리의 참된 안식이신 예수 그리스도, 우리의 비전이신 예수 그리스도, 우리의 정말 좋은 친구이신 예수 그리스도를 만날 때입니다. 만남은 경험입니다. 경험 없는 만남은 스쳐가는 것에 불과하므로 진짜로 만나야 합니다.

하나님은 살아 계시든, 살아 계시지 않든 둘 중 하나입니다. 만약 하나님이 살아 계시다면 만나야 합니다. 하나님은 만날 수 있는 존재입니다.

> 40대에 정말 좋은 친구이신 예수 그리스도를 만나야 합니다. 만남은 경험입니다. 경험 없는 만남은 스쳐가는 것에 불과하므로 진짜로 만나야 합니다.

성경에 보면 "귀를 지으신 이가 듣지 아니하시랴 눈을 만드신 이가 보지 아니하시랴"(시 94:9)는 말씀이 나옵니다. 말하는 개념이 없이 어찌 우리 입을 만들었고, 듣는 개념이 없이 어찌 우리 귀를 만들었고, 보는 개념이 없는 분이 어찌 우리 눈을 만들었겠습니까! 하나님이 정말 계신다면 그분은 보고 계시고, 듣고 계시고, 말하고 계십니다. 우리의 느끼는 가슴을 만드신 분이 어찌 느끼시지 않겠습니까! 그분을 만나야 합니다. 그리고 친구가 되어야 합니다. 그때 이상한 변화가 우리 안에 일어나기 시작합니다. 뭔지 모르겠지만 어떤 분이 우리 안에 들어오신 겁니다. 그러면 "우리의 상처를 씻어 주시고, 우리의 미래가 되어 주시고, 우리의 희망이 되어 주시고, 우리의 구원이 되어 주십시오"라고 말해야 합니다.

그분을 꼭 만나길 다시 한 번 부탁드립니다. 당신이 만나기 원하면 만나 주십니다. 절대 어렵지 않습니다. 수도하시거나 금식하거나 그럴 필요도 없습니다. 그냥 "만나기 원합니다"라고 말하면 그분은 다 알아듣고 당신의 마음을 어루만지고, 당신의 손을 잡고 "이제 같이 가자"라고 하실 겁니다.

당신의 생애에 이런 기적이 일어나기를 바랍니다. 변화가 일어나기를 바랍니다. 그분은 당신의 힘이 되어 주시고 위로가 되어 주시고 보호자가 되어 주시고 안내자가 되어 주시고 축복이 되어 주실 것입니다. 그분이 예수 그리스도이십니다.

예수님은 자신을 가리켜 "나는 빛이다"라고 말씀하셨습니다. 빛은 어둠을 밝힙니다. 예수님은 당신의 삶을 밝혀 주실 것입니다. 조용히 눈을 감고 그동안 인생의 주인이 바로 나 자신인 줄로 착각했으며, 외로웠고 힘들고 방황했던 과거를 고백해야 합니다. 그리고 당신의 죄를 용서하시고 자신을 변화시켜 주시길 기도해야 합니다.

Propose DREAM OF LIFE

인생의 후반전을 뛸 때 더 이상 혼자 가는 일이 없기를 바랍니다. 우리를 사랑하시고, 인도하시고, 축복하시고, 기다려 주시는 하나님의 손을 붙잡고 인생의 후반전을 뛰게 된다면 우리는 안심하고 갈 수 있습니다.

해바라기

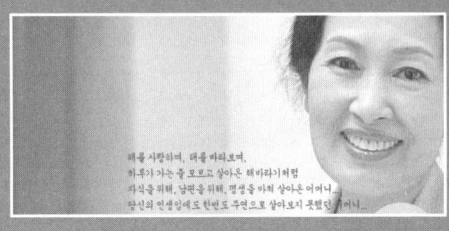

해를 사랑하며, 해를 바라보며,
하루가 가는 줄 모르고 살아온 해바라기처럼
자식을 위해, 남편을 위해, 평생을 바쳐 살아온 어머니
당신의 인생임에도 한번도 주연으로 살아보지 못했던 어머니...

해바라기처럼 가족을 위해 평생을 누구의 아내로, 누구의 어머니로 살아온 인생.
그래서 자신의 인생임에도 한 번도 주연으로 살아보지 못했던 어머니.
그 어머니가 하나님을 만나면 주바라기 인생이 됩니다.

04
당신은
해바라기입니다

55-66세 여성을 위한 전도집회

● 55-66세 여성을 표현하는 단어 ●

주름, 생리적 변화, 무기력, 공짜, 대접받기, 황혼이혼, 자녀들의 독립으로 인한 자아정체성 혼란, 남성에 비해 강함

● 55-66세 여성의 특징 ●

나이가 들고 갱년기를 지나면서 남성보다 더 강한 면모를 보이지만, 내면을 들여다보면 한없는 무기력감에 빠져 있다. 애지중지 키웠던 자식이 하나둘 독립하고, 사회생활로 늘 바빴던 남편과는 말이 통하지 않은 지 오래되었기 때문이다. 그래서 무력함과 외로움을 달래기 위해 친구와 놀이를 찾는다.

● 55-66세 여성의 필요 ●

① 사회적 필요
자식과 남편을 뒷바라지하며 살다 보니 대부분 목표를 잃어버린 지 오래 되었다. 하지만 자식들이 독립하면서 상대적으로 시간이 남다 보니 자신의 삶에 활력을 불어넣어 줄 뭔가를 갈망한다.

② 심리적 필요
주름은 자꾸 늘어나고, 생리적 변화도 찾아오고, 가족들은 각자의 삶에 열중하기 때문에 심리적으로 허탈감과 우울감에 젖어 있을 때가 많다. 그래서 이런 헛헛함을 달래 줄 친구나 재미 등을 필요로 하게 된다.

③ 가정적 필요
종알종알 떠들던 아이들은 성장해 버리고, 남편은 벽창호처럼 말이 통하지 않고, 오붓하고 행복한 가정을 원하지만 자신의 뜻대로 되지 않는다. 그래서 친구들과의 만남을 원하고 즐기지만 간절히 원하는 것은 가족의 이해와 화목이다.

④ 경제적 필요
돈을 벌기보다는 쓰는 시기이므로 돈이 있으면 아낌없이 쓰고 다닌다. 하지만 경제적으로 어려우면 심한 스트레스를 받기도 한다. 어쨌든 이들은 마음의 빈 곳을 경제적인 여유로 채우고 싶어 한다.

⑤ 영적 필요
사람으로도 돈으로도 놀이로도 채울 수 없는 마음속의 빈 공간을 깊이 깨닫는 나이다. 그래서 자신의 고독을 해결해 줄 수 있는 영원히 변치 않는 존재를 찾게 되고 그와 가까워지길 소원한다.

첫째 날

어머니의 꿈

해바라기 씨앗처럼 빼곡한 상처의 가슴으로

  삶은 어떤 각도에서 바라보고 사느냐에 따라 달라집니다. 하나님이 좋은 가정환경, 아름다운 미모, 뛰어난 지식을 주셨어도 쓰레기처럼 사는 사람이 있습니다. 반면에 어려운 환경 속에서 자랐고 가진 것도 별로 없지만 아름답고 고귀하게 사는 사람도 있습니다. 어떤 사람은 인생에서 자기가 주인인 줄 알고 자기중심으로 살면서 괴로워하고 고민합니다. 반면에 어떤 사람은 천지를 창조하시고 우리를 창조하신 하나님을 받아들이고 그분께 인생을 의지하고 삽니다.

  사랑 또한 사람마다 다른 것 같습니다. 우리가 사랑하는 사람은 언제나 상처를 안겨 줍니다. 그게 자녀이든 남편이든 사랑한 만큼 아픔을 되돌려 받게 됩니다. 그러나 하나님은 한 번도 우리를 배신한 적이 없으며, 한 번도 우리에게 상처를 주신 적이 없습니다. 그런데도 왜 많은 사람이 하나님을 믿지 않고 예수님을 믿지 않을까요?

지금까지 예수님이 나쁘다고 말하거나, 예수님이 싫다는 사람을 한 번도 만난 적이 없습니다. 그런데 그들이 교회를 안 다니고 예수님을 안 믿는 것은 예수 믿는 사람이 꼴 보기 싫어서, 교회가 하는 일이 못마땅해서 그렇다는 것입니다. 오히려 예수 믿는 사람들이 사기꾼 같고 신실하지 않다고 느끼는 것입니다. 그런 이유로 많은 사람이 하나님이 안 보이고, 예수님한테 접근하기가 어렵다고 생각한다는 사실을 알게 되었습니다. 그런 편견이나 장애물을 다 제거하고 나서 진짜 하나님을 만나고 예수님을 만나면 참 좋겠다는 생각을 하게 되었습니다.

이번 타이틀은 55~66 드라마 '해바라기'입니다. 주변에서 교회에 다니자고 하면서 예수님을 믿으라는 권유를 수없이 받았을 거라는 생각이 듭니다. 사실 거절한다는 건 쉬운 일이 아닌데 그간 귀를 막은 채 안 들은 사람이 많습니다.

오늘 이 자리에 모인 대부분의 사람들은 남편과 자녀를 해처럼 바라보며 살아 오셨을 것입니다. 그러나 남편을 해처럼 바라보며 살아온 인생의 결론은 무엇입니까? 남편은 당신에게 얼마나 많은 의미와 보상과 사랑을 주었습니까? 당신은 자녀를 위해 죽을 수도 있다고 생각하며 평생 살아 오셨습니다. 그렇게 자녀를 사랑했건만 그들로부터 받는 것은 무엇입니까? 그래서 55~66세에 해당하는 여성에게 '해바라기'라는 단어를 쓴 것입니다.

말씀을 준비하면서 굉장히 놀라운 사실 하나를 발견했는데, 이 나이에 해당하는 사람들에게는 자기 이야기가 없다는 것입니다. 이야기를 나누다 보면 남편, 자녀, 손자 손녀에 관한 이야기뿐 자기 인생에 대한 것이 빠져 있습니다. 자신이 누구인지, 자기 이름이 무엇인지 잃어버린 채 그냥 누구의 엄마로 살아 왔습니다. 이것이 55~66세 여성의 삶이고 인생이었습니다. 그리고 해바라기처럼 자식을 바라보고 남편을 바라보고 살아온 사람들은 온통 상처투성이였습니다.

개인적으로 이런 여성들의 마음을 좀 열어 보고 싶습니다. 얼마나 많은 상처 자국이 남아 있을까요? 자식 때문에 울고, 남편 때문에 울었던 아픔이 퍼렇게 삭지 않고 있을 것입니다. 이것이 우리 어머니의 모습입니다.

지혜로운 여인, 어머니에 대한 소중한 추억

55~66 드라마를 준비하면서 돌아가신 어머니 생각을 많이 했습니

다. 내 삶에 가장 결정적인 영향력을 미친 사람이 어머니인데, 사실 어머니는 겨우 초등학교만 나왔습니다. 어머니는 평양에서 예수 믿는 집안의 딸로 태어나 어린 시절부터 예수님을 믿고 교회에 다녔습니다. 또 유년 주일학교 선생님을 했고, 교회에서 예수 믿는 청년을 만나 결혼했습니다. 그 청년은 아버지인데 아버지는 예수 믿지 않는 술꾼 집에서 자랐습니다. 외할머니가 순교자였는데, 같이 예수님을 믿어도 예수 믿는 집에서 태어난 사람과 나중에 믿은 사람은 참 달랐습니다. 아버지는 예수 믿지 않는 집에서 태어나 나중에 예수님을 믿고 장로까지 되었지만 귀신, 즉 악령의 역사가 많았습니다. 그런데 어머니는 뭐라 설명할 수 없는 그런 영적인 아름다움을 지니셨습니다.

물론 아버지도 사랑하고 어머니도 다 사랑합니다. 아버지는 평소 불같은 성격에 급하시고 뒤로 물러설 줄 모르고 한번 마음먹은 일은 끝까지 해내고 불의를 보면 절대 못 참으셨습니다. 그런데 어머니는 돌아가실 때까지 화를 내거나 소리 지르시는 것을 한 번도 본 적이 없을 정도로 온유하기가 물 같았습니다. 그러니 그 속이 얼마나 썩었겠습니까! 그런 모습에 많은 영향을 받았다는 생각이 듭니다. 불같은 성격 때문에 아버지는 자식들이 사춘기 때 뭘 잘못하면 매질을 많이 하셨는데 그때마다 어머니는 화를 못 내고 어쩔 줄을 몰라 하셨습니다. 그저 밖에서 서성거리며 안절부절못하던 모습이 지금도 눈에 선합니다. 매를 좀 심하게 맞는다 싶으면 나를 안은 채 못 때리게 하셨습니다. 어머니가 자주 불러 주셨던 찬송가가 있습니다.

"나의 사랑하는 책 비록 헤어졌으나 / 어머님의 무릎 위에 앉아서 / 재미있게 듣던 말 이 책 중에 있으니 이 성경 심히 사랑합니다."

이 가사가 얼마나 가슴에 와 닿았는지 모릅니다. 어머니는 아들을 무릎에 앉힌 채 늘 찬송을 불러 주셨고 순 예배, 구역예배에도 꼭 데려가 주셨습니다. 예배 중에 어머니의 무릎에서 잠이 들곤 했던 기억이 납니다.

1·4후퇴 때 다섯 살이었는데 우리 가족도 피난을 나왔습니다. 가진 것이 아무것도 없어 선교사집 처마 밑에서 살면서 모든 살림을 어머니가 꾸려 가게 되었습니다. 그때 엿 등을 만들어 시골에 가서 쌀로 바꿔 오던 기억이 납니다. 그리고 형편이 너무 어려워 구호물자 옷을 입고 고무신을 신었습니다. 간혹 새 고무신 신을 때면 얼마나 좋았는지 모릅니다. 어머니를 생각하면 또 기억나는 것이 콧수건입니다. 요즘 아이들은 영양 상태가 좋아서 코가 안 나는 것 같은데 옛날에는 왜 그렇게 코가 많이 나왔는지 모르겠습니다. 항상 하얀 손수건을 달고 다녔는데 코를 자주 풀어 빨개지곤 했습니다.

나이가 들면서 어머니가 참 지혜로운 분이셨다는 사실을 알게 됐습니다. 초등학교밖에 안 나온 어머니는 학교에 다니는 자식을 가르칠 수 없어서 안타까워하셨습니다. 아는 게 많지 않으니까 그냥 공부하라고 말할 뿐 실제로 공부를 가르쳐 주지 못하셨습니다. 어머니는 몇 편의 드라마를 제외하곤 텔레비전을 거의 보지 않으셨습니다. 그런 어머니가 잘 보는 것이 하나 있다면 바로 성경책입니다. 성경책은 돌아가실 때까지 참 열심히 보았습니다. 온누리교회 목사로서 수많은 사람을 만났지만 어머니처럼 지혜로운 사람을 만난 적이 거의 없는 것 같습니다. 그래서 깨달은 것이 학문이 사람을 지혜롭게 만드는 것이 아니고, 많이 배웠다고 지혜로운 게 아니라는 사실입니다. 인간이 아름다운 것은 그 영혼 때문이라는 사실을 알게 되었습니다.

어머니에게는 화해자의 모습이 있었습니다. 평생 성경 하나만 보았지만 언제나 조정하는 역할을 했고 화해자의 역할을 한 분이셨습니다. 성경만 봐도 인생을 살

> 어머니의 꿈이 무엇일까 생각해 봅니다. 돌이켜 생각해 보면 어머니도 이름을 가졌지만 자기 자신이 있었을까, 꿈이 있었을까 하는 마음이 듭니다.

아가는 지혜를 얻기에 충분하다는 사실을 어머니를 통해 깨달았습니다. 또한 어머니는 참 따뜻한 분이셨습니다. 피난 나온 전쟁고아를 도와주기 시작하면서 남편이 죽고 시골로 돌아와 혼자 사는 과부, 귀신 들린 사람들을 돌보셨는데 그것이 어머니에게는 일생의 과업이었습니다.

또한 어머니는 큰 가방 하나에다 성경을 넣고 라면 몇 개를 싸들고 집집마다 돌아다니며 힘든 사람을 위해 기도해 주고 위로해 주셨습니다. 달동네 산동네를 다니시면서 그들을 돌보는 것이 어머니의 삶

이었습니다. 어려운 사람들을 돕던 어머니의 모습을 지금도 잊지 못합니다.

집안 이야기를 하면 형이 목사이고 누나가 목사 부인이고 내가 목사이고 그다음 다섯째와 여섯째가 선교사입니다. 여동생 하나만 변호사 부인으로 하나님의 일을 안 하고 있습니다. 부모님은 자녀한테 재산을 남겨 준 것이 아무것도 없습니다. 해 준 것이 있다면 자녀를 키워 전부 목사가 되고 선교사가 되어 하나님의 일을 하도록 한 것밖에 없습니다. 지금 돌이켜 생각해 보면 이것보다 더 귀중한 유산이 없고 이것보다 더 큰 축복이 없다는 생각이 듭니다. 그것은 아마도 어머니가 시골에서 자신이 다니던 교회 목사님을 그렇게 아끼고 사랑하고 섬기던 모습을 자녀들에게 보여 주었기 때문인 것 같습니다. 좋은 물건을 받으면 어머니에게 갖다 드리는데 그걸 모아 두었다가 시골의 목사님께 드리는 것이었습니다. 그 시골 목사님의 아들이 정신이상이었는데, 어머니는 밤잠도 자지 않고 그 아이를 사랑으로 돌보던 기억이 아직까지 생생합니다.

그리고 어머니는 참 부지런한 분이셨습니다. 가장 큰 자랑거리가 손이었는데, 어머니의 손은 여자 손 같지 않고 마디도 굵고 그야말로 일꾼 손 같았습니다. 이북에서 피난 나온 사람들은 노티떡이라고 들어 본 적이 있을 겁니다. 어머니는 노티떡과 지지미, 그리고 가장 잘 만드는 떡만두를 떨어지지 않게 만들어 두셨습니다. 그렇다 보니 일주일 내내 교인들의 발걸음이 끊이질 않았습니다. 그들이 오면 먹이고 싸 주는 걸 평생 보고 자라났습니다.

어머니는 하루를 새벽기도부터 시작하셨습니다. 어린 시절 아침에 눈을 뜨면 아버지와 어머니가 안 계셨던 기억이 납니다. 항상 새벽 4시나 5시면 교회에 가셨고 아침에 돌아와 마당을 청소하고 늦게 일어나는 나를 깨워 운동을 시키셨습니다. 당시 가족예배를 아침과 저녁 하루에 두 번 드렸습니다.

여전도 회장을 하실 때 어머니는 나를 붙잡고 대표기도문을 하나 써 달라고 하셨습니다. 그래서 기도문을 써 주면 그걸 외워 갖고 벌벌 떨면서 교회에서 대표기도를 하셨습니다. 어머니는 은혜를 사모해 교회에 가면 언제나 가장 앞자리에 앉으셨고 어린아이를 좋아해 나이가 6, 70이 될 때까지도 반사(班師)를 손에서 놓지 않으셨습니다.

> 남편을 위해 사는 것 참 좋습니다. 자녀를 위해 사는 것도 참 중요한 일입니다. 그러나 더 중요한 것이 있습니다. 당신의 인생에 후회가 없어야 한다는 것입니다.

지금에 와서야 어머니의 꿈이 무엇일까 생각해 봅니다. 돌이켜 생각해 보면 어머니도 이름을 가졌지만 자기 자신이 있었을까, 꿈이 있었을까 하는 마음이 듭니다. 돌아가신 지 한참 되었지만 어머니의 꿈에 대한 생각을 하면 굉장히 미안하고 죄송하고 부끄럽습니다.

어머니가 무슨 꿈을 꾸셨을까 곰곰 생각하니 세 가지 정도가 있지 않았을까 싶습니다. 모든 어머니처럼 자녀들이 목회자니까 교회에서 정말 좋은 목사로 살아가는 것을 가장 바라셨던 것 같습니다. 요즘은 교회에서 쫓겨나는 목사도 많으니 자식이 목사로서 잘되기를 간절히 바라셨을 겁니다.

두 번째 소원은 아버지 건강 문제였던 것 같습니다. 건강이 안 좋았던 아버지가 돌아가시기 5년 전에 쓰러져 말도 못 하고 반신불수로 지내시다 보니 5년이란 긴 시간 대소변을 받아 내야 했습니다. 어머니는 아버지가 돌아가실 때까지 이 일을 절대 남한테 맡기지 않고 세끼 식사를 다 숟가락으로 떠 먹이고 대소변을 받아내셨습니다. 그런데 마지막 순간 아들을 찾아와 이런 말씀을 하시더군요. "하나님, 날 데려가든 남편을 데려가든 둘 중에 하나를 해 주세요. 하루도 쉬지 못하고 병수발을 하자니 이젠 너무 힘이 듭니다"라고 하나님께 기도했다고요. 어느 날 잠깐 한눈을 판 사이에 침대에서 떨어져 아버지가 죽을 뻔한 적도 있었으니 얼마나 힘이 드셨겠습니까? 그래서 어머니의 꿈은 남편이 다시 건강해지는 것이 아니었나 하는 생각이 듭니다.

그리고 어머니의 세 번째 꿈은 헌금을 많이 하는 것이었던 것 같습니다. 형편이 넉넉지 못해 생각한 만큼 교회에 헌금을 못 하니 어머니의 표정에는 늘 헌금에 대한 아쉬움이 있었습니다. 이처럼 어머니는 한 번도 자신을 위해 살아 본 적이 없으신 것 같습니다. 어머니는 자신의 인생 없이 자식들을 위해, 남편을 위해 살았던 것이 전부였습니다. 그래서 55~66 드라마를 준비하면서 어머니 생각을 많이 했습니다.

참된 꿈을 가질 수 있는 마지막 초대장

당신의 꿈은 무엇입니까? 지금까지 인생을 살아 오면서 당신이 누구라고 생각합니까? 어쩌면 자식을 위해, 남편을 위해 자신의 인생 전부를 보냈을지도 모르겠습니다.

오늘 이 자리에 모인 사람들에게 굉장히 중요한 도전을 하나 주려고 합니다. 남편을 위해 사는 것 참 좋습니다. 자녀를 위해 사는 것도 참 중요한 일입니다. 그러나 더 중요한 것이 있습니다. 당신의 인생에 후회가 없어야 한다는 것입니다. 남편도 지나가고 자녀도 다 지나가는 존재이지만 당신의 인생에 끝까지 남아 있는 한 분이 계십니다. 바로 하나님이십니다. 그분을 만날 수 있게 되기를 진심으로 바랍니다.

하나님을 만나는 일은 어렵지 않습니다. 당신은 하나님을 몰라도 그분은 당신을 아시기 때문입니다. 하나님을 잘 모른다고 두려워할 필요가 없습니다. 그분은 세상에 태어날 때부터 지금까지 당신을 지켜보고 계셨습니다. 그런데 왜 당신은 하나님을 몰랐습니까? 하나님을 안 봤기 때문에 그런 것입니다.

여기 두 사람이 있는데 한 사람은 이 사람을 계속 보고 있어도 한쪽 사람은 뒤돌아 서 있으면 다른 쪽을 볼 수가 없습니다. 안 보이는 겁니다. 당신은 뒤돌아 서 있지만 하나님은 계속 당신을 보고 계셔서 그 뒤통수를 너무 잘 아십니다. 하나님은 이제 당신의 얼굴을 보길 원하십니다. 당신과 마주 보며 이야기하기를 원하십니다.

하나님을 두려워해선 안 됩니다. 당신은 하나님을 몰랐을지라도 그분은 2천 년 동안 당신을 기다려 왔고 수없이 노크를 하셨습니다. 아들과 딸을 통해, 친구를 통해 말입니다. 그러나 당신은 하나님에 대한 상처, 교회에 대한 상처 때문에 그분의 얼굴을 제대로 바라본 적이 없습니다. 오늘 이 자리에 당신을 초대한 사람은 바로 하나님이십니다. 이제 당신은 이렇게 생각하면 됩니다.

> 하나님은 당신의 인생에 새로운 목표를 주기 원하시고, 새로운 꿈을 주기 원하시고, 새로운 축복을 주기 원하십니다.

"하나님, 나도 하나님을 알고 싶습니다. 하나님을 만나고 싶습니다. 하나님, 내게 오시옵소서. 이때까지 내가 하나님께 등을 졌지만 이제 하나님을 향해 얼굴을 들어 만나 뵙기를 청합니다."

하나님은 좋은 분이므로 이렇게 말만 해도 다 알아들으십니다. 그리고 당신에게로 가까이 가십니다. 당신의 인생에 새로운 목표를 주기 원하시고, 새로운 꿈을 주기 원하시고, 새로운 축복을 주기 원하십니다. 사랑하는 자녀에 대한 당신의 사랑에도 한계가 있습니다. 자녀를 사랑한다면 이제 방법을 바꿔 봐야 합니다. 당신이 자녀를 사랑하는 것이 아니라 하나님이 당신의 자녀를 사랑하도록 만들어야 합니다. 남편을 사랑한다면 천지를 창조하시고 살아계신 그 하나님이 당신의 남편을 축복하고 사랑하도록 만들어야 합니다. 놀라운 일이 벌어지게 될 것입니다. 하나님은 당신을 기다리고 계십니다. 만나기를 원하고 계십니다.

"하나님, 이제 내 인생을 바꾸어 주세요. 이제 하나님을 바라보길 원합니다."

이런 마음을 가졌다면 당신의 인생에 새로운 변화가 일어날 것입니다. 햇살이 비치고 있는데 그 햇살을 등지고 지하실에 사는 것처럼 살아 왔다면 이제 그 지하실에서 나오십시오. 찬란히 떠 있는 해를 만날 수 있습니다.

오늘 당신의 마음속에 '하나님 만나기를 원합니다. 하나님 알기를 원합니다. 하나님이 내 인생 안에 들어오시기를 원합니다'라는 생각이 심어지길 기도드립니다.

오늘 그런 마음을 품지 않겠습니까? 그러면 오늘부터 놀라운 일이 벌어지기 시작할 것입니다. 하나님의 축복이 당신에게 함께하시기를 축원합니다.

둘째 날

어머니의 사랑

하나님과 가장 많이 닮은 사랑의 대명사, 어머니

왜 자식들은 어머니의 사랑을 생각하면 눈물이 나고 감동스러운지 모르겠습니다. 당신은 지금 어머니이지만, 아마 당신의 어머니를 기억할 것입니다. 여기까지 있게 해 주셨던 그분이 생각나지 않습니까? 왜 어머니를 생각하면 이렇게 가슴이 뭉클하고 설명할 수 없이 눈물이 나고 고향에 온 것처럼 좋을까요? 그 이유는 간단합니다. 하나님의 사랑을 가장 많이 닮은 것이 어머니의 사랑이기 때문입니다.

보통 사랑이라고 말할 때 그 사랑은 이기적입니다. 궁극적으로 자기를 위한 것입니다. 남편의 사랑도, 아내의 사랑도 이 세상의 다른 모든 사랑은 이기적이라고 말할 수 있지만 이상하게도 자식을 향하는 사랑은 예외입니다. 다 주고 싶고 다 내놓고 싶은 것이 바로 자식 사랑입니다.

온누리교회에 나오는 성도 중 치과의사 선생이 있는데, 슬하에 열여섯 살 된 외아들이 있습니다. 애지중지 키운 아이가 아파서 병원에 가 봤더니 결과가 심상치 않다는 것이었습니다. 배를 열어 보니 암이었습니다. 열여섯 살 된 아이가 암에 걸려 온몸에 암세포가 퍼져 살 수 없다는 것이었습니다. 병이 어떻게 진행될지 잘 아는 의사이니 그 마음이 어떻겠습니까!

어느 날 찾아와서 우는데 지켜보는 사람의 마음이 미어질 정도였습니다. 들어올 때 울고, 앉아서 이야기하면서 울고, 나가면서도 우는 것이었습니다. 일주일 후에 만났을 때도 계속 우는 것이었습니다. 그때까지만 해도 하나님을 잘 안 믿었는데, 살 수 있는 10퍼센트 확률을 갖고 목사가 하나님이라도 되는 양 붙잡고 매달리는 겁니다. 살려 달라고, 하나님께 자신의 생명을 대신 가져가게 해 달라는 겁니다. 요즘 그 어머니와 그 아들 생각을 참 많이 합니다. 얼마 전 치료차 휴스턴으로 떠났는데 하나님의 은혜만 바랄 뿐입니다.

왜 어머니의 사랑은 우리의 가슴을 이토록 저리고 아프게 하는 걸까요? 바로 하나님의 사랑을 닮아서 그렇습니다. 보통 사랑은 다 조건이 있습니다. 예쁘기 때문에, 똑똑하기 때문에, 공부 잘하기 때문에 사랑합니다. 그런데 진짜 사랑은 조건이 없습니다. 공부를 못해도, 몸이 온전치 못해도, 자격이 없고 부족해도 그냥 사랑합니다. 인간과 하나님 사랑의 차이가 바로 이것입니다. 인간의 사랑은 조건이 있지만 하나님의 사랑은 조건이 없습니다.

> 왜 어머니의 사랑은 우리의 가슴을 이토록 저리고 아프게 하는 걸까요? 하나님의 사랑을 닮아서 그렇습니다. 인간의 사랑은 조건이 있지만 하나님의 사랑은 조건이 없습니다.

오늘 우리가 먹은 음식에는 탄수화물, 단백질, 지방을 제공하는 눈에 보이는 영양소도 있지만 그런 요소보다 더 중요한 것은 눈에 보이지 않는 비타민입니다. 눈에 보이는 그 많은 음식이 우리를 건강하게 만드는 것 같지만, 실은 비타민이 없으면 신진대사가 안 된다고 합니다. 아무리 음식을 먹어도 비타민이 부족하면 몸에 자꾸 이상한 병이 생기고, 몸의 균형이 깨지고 맙니다. 사람의 몸도 마찬가지입니다. 우리는 육체가 굉장히 중요하다고 생각합니다. 그래서 옷도 입고 화장도 하고 멋도 냅니다. 육체가 너무 중요하므로 건강을 위해 운동도 합니다. 사람은 몸이 아프면 참 괴롭고 불행하다는 생각이 듭니다. 특히 우리 어머니 나이 또래가 되면 온몸이 쑤시기 시작합니다. 허리가 아프고 앉았다 일어서는 게 예전 같지 않습니다.

온누리교회에 나오는 성우 고은정 권사님도 암으로 죽을 고생을 했는데 항암주사를 맞으면 머리가 다 빠지는 온갖 어려움을 믿음으로 다 견뎌 냈습니다. 윤복희 권사님도 암으로 말할 수 없이 고생했습니다. 그러나 간암 수술을 여러 번 받은 나도 이렇게 멀쩡하게 살아 있습니다.

혹시 암에 걸린 사람이 있다면 너무 걱정하지 말기를 바랍니다. 고난은 때로 축복이 되기도 합니다. 육체가 아프면 굉장히 괴롭고 견디기 힘들지만 사실 더 중요한 것은 육체가 아니라 우리의 영혼입니다. 영혼이 병들면 육체가 아픈 것보다 비교할 수 없을 정도로 고통스럽고 잠도 제대로 잘 수가 없습니다. 밥을 못 먹는 것보다 더 무서운 것은 우울증입니다. 지금 우울증에 걸려 힘들어하는 사람이 있다면 다 사라지기를 축원합니다.

잠을 못 자는 사람, 우울증에 빠진 사람, 마음이 늘 비참해서 자살하고 싶은 사람, 갈등이 많은 사람도 있을 텐데 사람은 겉모양이 중요한 게 아닙니다. 먹는 음식보다 그 안의 영양소가 중요한데, 이것이 균형을 이루도록 조절해 주는 역할을 하는 게 비타민입니다. 이처럼 사람의 육체보다 더 중요한 것은 그 영혼의 비타민입니다. 이것이 무너지면 다 무너지게 됩니다.

인생의 후반전에 꼭 지녀야 할 믿음 비타민

영혼의 비타민 세 가지를 소개하겠습니다. 우리는 살아 온 날보다 살아갈 날이 얼마 남지 않은 인생의 후반전을 제대로 준비해야 합니다. 이제 젊음은 멀리 가고 죽음이 얼마 남지 않았다는 생각에 자꾸 아픈 곳이 생깁니다. 육체적으로 병들고 아프고 우울증에 빠지는 것입니다. 모든 것이 예전 같지 않습니다. 그런데 육체의 구원보다 더 중요한 것이 영혼의 구원입니다. 그럼 우리의 영혼을 행복하게 만드는 것은 무엇입니까?

첫 번째는 믿음의 비타민입니다. 사람을 믿지 못하면 인간관계가 다 깨집니다. 인생을 살아가는 데 가장 중요한 것은 믿음입니다. 부부관계에서도 믿음이 가장 중요합니다. 세상에서 가장 불쌍한 여자가 누구입니까? 자기 남편을 믿지 못하는 여자입니다. 세상에서 가장 불쌍한 남자가 누구입니까? 자기 아내를 믿지 못하는 남자입니다. 믿을 수 있다는 건 축복입니다. 사실 세상에서 가장 못 믿을 게 누구입니까? 바로 자기 자신입니다. 나도 나 자신을 잘 믿지 못합니다.

그래서 당신에게 믿음이 생기기를 바랍니다. 누군가 당신을 믿어 준다면 얼마나 좋겠습니까! 내가 하는 말을 남편과 자녀들이 믿어 준다면, 내가 다른 사람을 믿을 수 있다면 얼마나 행복하겠습니까! 믿음은 이렇게 중요한 것입니다. 우리가 이 자리에 왜 이렇게 앉아 있는 줄 압니까? 천장이 안 무너질 걸 믿으니까, 땅이 꺼지지 않을 걸 믿으니까 앉아 있는 것입니다. 만약 이 천장이 무너질지도 모른다는 생각이 들면 불안해서 어떻게 앉아 있겠습니까? 이것이 믿음입니다. 믿음은 불가능한 것을 가능하게 만들고, 미래의 문을 열게 해 줍니다.

인간관계에서도 믿음이 대단히 중요한데, 이것보다 더 중요한 것이 있습니다. 그게 뭔 줄 아십니까? 바로 하나님을 믿는 것입니다. 어떤 사람이 나를 믿어 주고 내가 다른 사람을 믿어 주면 인간관계가 행복하듯, 우리가 하나님을 믿고 하나님이 우리를 믿어 준다면 얼마나 행복하겠습니까! 사람을 믿으면 땅에서의 행복이지만 하나님을 믿으면 천국에서의 행복입니다.

확실한 예언 하나를 하겠습니다. 이제 곧 당신은 죽습니다. 우리 모두는 영원히 살지 못하고 언젠가 죽게 됩니다. 문제는 살아 있는 것이 아니라 죽고 나면 그 이후가 어떻게 되느냐는 겁니다. 왜 죽음이 불안합니까? 죽음 이후를 모르기 때문에 불안한 겁니다. 죽으면 어디로 가느냐 하는 문제 때문에 불안한 겁니다. 당신은 사람이 죽으면 그것으로 끝이라고 생각합니까? 과연 아무것도 없을까요?

어떤 사람은 인간이 죽으면 짐승으로 태어난다고 말합니다. 인간이 그런 존재입니까? 아닙니다. 소, 돼지, 닭 등 짐승은 죽으면 끝이지만 사람은 영적인 존재입니다. 짐승은 물질이므로 우리가 돼지고기나 쇠고기를 먹는 것입니다. 그러나 사람은 그렇지 않습니다. 당신은 무슨 띠입니까? 이 물음에 저마다 "개띠인데요" "소띠인데요" "말띠인데요"라고 말할 것입니다. 그러나 우리는 사람 띠입니다. 왜 자꾸 인간을 짐승에 비교하는지 모르겠습니다. 우리는 짐승이 아니라 인간입니다. 이처럼 믿음은 중요합니다.

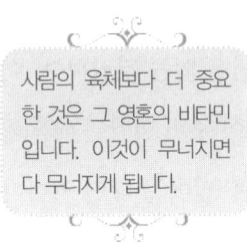

사람의 육체보다 더 중요한 것은 그 영혼의 비타민입니다. 이것이 무너지면 다 무너지게 됩니다.

인간관계에 믿음을 갖기 바랍니다. 그러나 더 중요한 것은 당신이 하나님을 믿을 수 있게 되는 것입니다. 하나님을 믿으면 죽은 후가 영원히 보장되기 때문입니다. 오늘의 모든 순서가 끝나면 모두 집으로 돌아갈 겁니다. 왜냐하면 그곳이 자기 집이니까 아무 의심 없이 가는 것입니다. 착한 일을 했다고 집으로 가고 나쁜 짓을 하면 집에 못 갑니까? 아닙니다. 어떤 사람이 교도소에서 20년을 살았다고 가정해 봅시다. 출소하면 어디로 갑니까? 부모가 기다리고 있는 집으로 갈 것입니다. 왜냐하면 그의 집이기 때문입니다.

누가 천국에 갑니까? 착한 일을 한 사람이 천국에 가는 것이 아닙니다. 나쁜 일을 했다고 지옥에 가는 것이 아닙니다. 천국은 아버지의 집이므로 하나님이 자기 아버지인 사람이 갑니다. 지옥은 누가 갑니까? 마귀 자식이 갑니다.

우리 모두 영혼의 만족, 영혼의 기쁨에 대해 심각하게 생각해 봐야 합니다. 사람은 쾌락을 좋아하지만 그 쾌락은 잠깐이며 곧 사라져 버립니다. 육체는 밥을 많이 먹으면 곧 배부르지만 쉽게 배가 고파집니다. 이처럼 쾌락이나 배부름은 영원하지 않습니다. 당신에게 중요한 것은 영혼, 정신입니다. 그 정신을 붙잡을 수 있는 분은 오직 하나님뿐입니다. 그래서 자녀들이 자꾸 하나님을 믿으라고 권유하는 것입니다. 인간관계에서 믿음이 중요한 것처럼 우리 영혼에 중요한 것은 하나님을 믿는 믿음입니다.

영원한 축복을 꿈꾸게 하는 희망 비타민

두 번째 비타민을 소개하겠습니다. 그건 희망이라는 비타민입니다. 희망이 없으면 내일이 없습니다. 꿈이 없는 사람은 내일이 없습니다. 젊었을 때는 꿈이 있지만 나이가 들면 자꾸 그 꿈을 접는 경향이 있습니다. 짐승에게는 꿈이 없고 본능만 있습니다. 반면 인간은 밥을 먹고 사는 존재가 아니라 꿈을 먹고 사는 존재입니다. 자식을 향한 꿈, 미래를 향한 꿈도 꿈이겠지만 진짜 아름다운 인간은 천국을 꿈꿉니다.

부산에 가는 사람과 미국에 가는 사람은 가방이 다릅니다. 가방 싸는 게 다르기 때문입니다. 이처럼 천국에 갈 사람하고 그냥 세상에서 적당히 살다가 죽을 사람하고 인생을 사는 태도가 다를 수밖에 없습니다. 나는 당신이 천국에 대한 꿈을 갖길 바랍니다. 죽으면 천국에 가서 영원한 축복 가운데 들어간다는 희망, 아버지의 집으로 간다는 희망을 갖길 바랍니다. 이것이 희망입니다.

인간이 희망을 가질 경우 배고파도, 병들어도, 죽었다가도 다시 살아날 수 있습니다. 나는 당신이 그런 희망을 갖게 되기를 바랍니다. 땅의 희망이 아니라 영원한 천국의 희망을 소유하게 되기를 진심으로 바랍니다.

행복의 반석이 되는 사랑 비타민

세 번째 비타민을 소개하겠습니다. 바로 사랑 비타민입니다. 사랑이 없으면 우리의 인생은 폐허로 변하고 맙니다. 부자라고, 건강하다고 행복한 것은 절대 아닙니다. 큰 집에 살고 자녀가 다 잘되었다고 해서 행복한 것이 아니라 사랑할 때와 사랑받을 때가 가장 행복합니다. 옆에 있는 사람에게 "당신은 사랑받기 위해 태어났습니다"라고 말해 봅시다. 듣는 순간 기분이 좋아질 겁니다.

인생에 사랑이 없으면 무덤입니다. 그래서 믿음과 희망 비타민보다 더 중요한 것이 사랑 비타민입니다. 사랑은 사람을 행복하게 만들어 주기 때문입니다. 이상하게도 사랑은 우리를 풍성하게 만들고 아름답게 만듭니다. 가장 좋은 화장법은 사랑하는 것입니다. 사랑하면 얼굴이 예뻐진다는 말은 거짓말이 아닙니다. 미소보다 더 아름다운 모습이 어디 있겠습니까! 많은 사랑을 받고, 많은 사람을 사랑하면 얼굴에 행복과 미소가 가득하게 됩니다.

그런데 대부분의 사람은 인간관계에서 많은 상처를 받아 분노와 미움을 마음에 품고 지냅니다. 복수심에 속이 부글부글 끓는 것입니다. 우리나라 사람들이 가진 병 중에 아주 독특한 병이 바로 화병(火病)입니다. 누군가를 용서하지 못한 채 미워하고 질투해서 상대를 죽이고 싶은 감정이 드는 것입니다. 당신의 마음속에서, 영혼 속에서 이런 마음을 몰아내야 합니다. 당신의 영혼에서 이런 독한 요소를 빼내야 합니다.

하나님만 주실 수 있는 영혼의 비타민

세 가지 비타민을 어디서 얻을 수 있습니까? 먼저 믿음 비타민에 대해 생각해 보겠습니다. 사람들은 스스로 믿음을 만들려고 노력하는데, 그것을 가리켜 신념이라고 합니다. "난 이걸 믿고 산다. 하나님을 믿으려면 내 주먹을 믿어라" 하고 말합니다. 이처럼 사람들은 믿음이 없으면 불안해져 스스로 믿음을 만듭니다. 그러나 그 믿음이 아무리 좋아도 인간의 믿음에는 한계가 따르게 마련입니다. 그 믿음이 좌절되는 이유는 영원하지 않기 때문이며, 사람은 누구나 죽을 수밖에 없기 때문입니다.

> 사랑, 그것은 당신의 인생을 풍요롭게 만들고 당신을 폐허 같은 죽음과 절망에서 건져 낼 것입니다. 사랑받으면 얼굴 표정이 달라집니다.

진짜 믿음을 갖고 싶습니까? 하나님이 주시는 믿음을 가지면 당신이 죽는다고 할지라도 그 믿음은 영원히 존재합니다. 나는 당신이 오늘 하나님을 믿을 수 있는 믿음을 갖게 되길 축원합니다. 하나님과 관계를 맺을 수 있기를 바랍니다. 사람을 믿은 적이 있습니까? 결론은 언제나 배신이며 상처입니다. 인간은 믿음의 대상이 아닙니다. 진짜 믿을 분은 오직 하나님뿐입니다. 하나님은 당신을 배신하지 않습니다. 하나님을 믿고 그분을 받아들이면 당신을 영원한 천국으로 인도해 주실 겁니다.

희망은 어디에서 찾을 수 있습니까? 악을 쓰며 희망을 만든다고 해도 그 대가는 절망으로 돌아오는 경우가 대부분입니다. 인간은 희망, 유토피아, 신기루, 이상을 찾아 헤매지만 결국 그것은 허망한 파랑새에 불과합니다. 고도를 기다렸지만 아무도 오지 않는 것처럼 말입니다. 그러나 희망의 끝에 하나님이 기다리고 계시므로 우리는 변하지 않는 그분을 선택해야 합니다. 변하는 인간을, 변하는 꿈을 찾아가지 말고 영원히 변하지 않는 하나님의 꿈을 붙잡아야 합니다.

사랑 비타민은 어디에 있습니까? 사랑, 그것은 당신의 인생을 풍요롭게 만들고 당신을 폐허 같은 죽음과 절망에서 건져 낼 것입니다. 사랑받으면 얼굴 표정이 달라집니다. 옆에 있는 사람의 얼굴 표정을 보면서 사랑받고 있는지 한번 살펴봅시다. 인간의 마음에는 사랑 대신에 미움이 가득 차 있는 경우가 많습니다. 이 자리에 참석한 어머니들에겐 대부분 며느리와 아들이 있을 거라고 생각합니다. 그럴 리가 없겠지만 혹시 그들을 향해 마음속에 분노와 미움을 품고 있다면 쓰레기를 버리듯 버리기를 축원합니다. 그것을 마음속에 품고 사는 것은 아주 위험한 일입니다.

미움이라는 감정을 살펴봅시다. 만약 미워하는 사람이 있다면 그 사람을 바라보는 당신의 눈이 어떻습니까? 눈에 독기가 서려 사나워집니다. 그 입은 어떻습니까? 거친 말을 하자니 입이 삐뚤어집니다. 표정은 어떻습니까? 한껏 굳어진 채 험상궂어 보입니다. 미움은 미워하는 대상에게 가기 전에 누구를 먼저 죽입니까? 바로 자기 자신을 먼저 죽입니다. 가슴이 벌렁거려 도무지 잠이 오지 않아 자신이 먼저 상하는 것입니다. 그걸 왜 마음속에 품고 삽니까? "노 생큐"라고 말해야 합니다. "노~, 누군가 상처를 주면 그 상처를 받지 마세요. 노~!" 그걸 왜 받아서 고민합니까! 누군가 상처를 주면 "통과"라고 외치며 얼른 밖으로 보내 버려야 합니다.

인생에 미움과 비극이 남아 있지 않도록 해야 합니다. "나를 슬프게 만들 수 있는 것은 이 세상에 아무것도 없다. 죽음도 절망도 나를 비참하게 만들 수는 없다"는 것을 마음에 새겨야 합니다. 이런 감정을 다 통과시켜 버리면 마음속에 찌꺼기가 남지 않습니다. 그러므로 마음속의 미움과 분노를 모두 버려야 합니다.

재미있게도 사람들은 미워하는 사람 옆에는 잘 가지도 않습니다. 그 집 앞에는 오줌도 싸지 않습니다. 이처럼 미워하면 마음의 자유에 제한을 받습니다. 또한 남을 미워하고 용서하지 못하면 마음이 지옥으로 변합니다. 이런 사실을 알면서도 인간은 그 미움을 버리지 못하고 분노를 버리지 못하고 그걸 끼고 삽니다.

재미있는 것은 돈을 열심히 사랑하면 그 얼굴이 100원짜리 동전을 닮아 가고, 돈을 열심히 묵상하면 수전노가 되고, 술을 열심히 묵상하면 술주정꾼이 됩니다. 누군가를 미워하면서 마음속에 오래 품고 산다면 어떻게 되겠습니까? 세상에서 가장 싫어하고 미워하는 그 사람을 닮아 가게 됩니다. 결국 욕을 하면서 그 사람을 따라하게 됩니다. 시집살이를 오래한 사람이 자신은 절대 그런 짓을 안 하겠다고 다짐했건만 오히려 시집살이를 독하게 시키지 않습니까! 다 그런 것입니다.

나는 당신 안에 사랑만 있기를 바랍니다. 당신 마음속에 진정한 화평이 있기를 바랍니다. 그런데 이것은 만들어지는 게 아니라 하나님이 주셔야만 합니다. 하나님은 당신을 사랑하십니다. 옆에 있는 사람에게 "하나님은 당신을 사랑하십니다"라고 말해 봅시다. 세 번만 해 봅시다. "하나님은 당신을 사랑하십니다. 하나님은 당신을 사랑하십니다. 하나님은 당신을 사랑하십니다." 하나만 더 큰 소리로 따라해 봅시다. "하나님은 당신을 위하여 놀라운 계획을 가지고 계십니다." 말만 들어도 얼마나 행복합니까! 사랑 이야기를 하니까 순식간에 남을 노려보던 사팔뜨기 눈이 정상으로 돌아오지 않습니까. 눈까지 미소를 지으면서 말입니다. 이것이 바로 영혼의 비타민입니다.

사랑이라는 비타민, 희망이라는 비타민, 믿음이라는 비타민을 갖고 싶다는 생각이 들 겁니다. 나는 이것을 선물로 드리고 싶습니다. 비타민이 눈에 보이지 않듯 우리 영혼의 비타민인 그분도 눈에 보이지 않습니다. 요즘은 비타민을 만들어 먹지만 원래 비타민은 음식 안에 있는 것입니다. 어린아이가 의심 없이 부모를 신뢰하듯 우리가 하나님을 신뢰하는 것은 너무 당연한 일입니다. 그것은 당신을 행복하게 만들고 꿈을 깊게 합니다.

자식이 부모를 기억하지 못하면 불효자식입니다. 하나님이 인간을 만들었는데 이것을 기억하지 못한다면 그것 역시 불효입니다. 아주 어렸을 때 집을 나간 아이라면 부모가 누군지 기억하지 못합니다. 인간은 죄 때문에 하나님에 대해 기억상실증에 걸렸다고 말할 수 있습니다. 하나님이 있는지 없는지도 모릅니다. 자신을 낳은 부모가 어디에 사는지 모르는 것과 똑같습니다. 하나님을 안 믿는 것은 부모 없이 사는 것과 똑같습니다.

사랑이신 하나님을 믿는 법

지금부터 "하나님을 어떻게 믿어야 하는가"에 대해 네 가지를 이야기하겠습니다. 첫 번째, 하나님이 당신을 사랑한다는 것을 믿어야 합니다. '한번 믿어 볼까'라는 생각만도 보통 사건이 아닙니다. '그래, 한번 속는 셈치고 믿어 보자.' 여기까지도 굉장한 겁니다. 이 자리에 참석한 사람들 중에는 아들, 딸, 혹은 친구 체면 때문에 교회에 나온 사람도 있고, 냉면 한 그릇 얻어먹고 나온 사람도 있을 겁니다. 아무튼 여러 가지 이유가 있겠지만 하나님이 택하지 않으셨다면 절대 여기에 올 수 없었을 겁니다. 여기 이렇게 앉아 있는 것은 눈에 보이지 않는 그분이 당신을 인도했기 때문이라는 사실을 믿어야 합니다.

두 번째, 하나님을 믿는 아주 쉬운 방법은 요청하는 것입니다. "하나님, 평생 불교를 믿어 성경을 읽어 본 적도 없고 교회에 익숙하지도 않습니다. 하나님이 계신지 안 계신지 잘 모르겠지만 만약 계신다면 하나님을 만나고 싶습니다. 내 안으로 들어와 주시지 않겠습니까?"라고 요청하는 것입니다.

성경에 보면 "귀를 지으신 이가 듣지 아니하시랴 눈을 만드신 이가 보지 아니하시랴"(시 94:9)는 말씀이 있습니다. 하나님은 인간이 아닙니다. 하나님은 우리 인간처럼 생기지 않았지만 우리를 만드신 분입니다. 우리 입을 만드신 분이기에 말하는 분이십니다. 말하는 개념이 없다면 어떻게 우리 입을 만드셨겠습니까. 이처럼 듣는 귀를 만드신 분은 듣는 분이시며, 보는 눈을 만드신 분은 만물을 보시는 분입니다. 그분이 하나님이십니다.

당신은 하나님을 만나는 쉬운 방법을 요청할 수 있습니다. 어떻게 해야 합니까? "하나님, 진심으로 하나님을 믿고 싶습니다. 내 안으로 들어와 주세요"라는 카드에 사인만 하면 됩니다. 남자가 "나하고 결혼해 주시겠습니까?"라고 프러포즈하면 그냥 고개만 끄덕이며 "예"라고 사인하듯이 말입니다. "하나님, 나는 하나님을 잘 모릅니다. 그러나 이제 알고 싶으니 오셔서 나를 만나 주세요. 나를 가르쳐 주세요. 지금 병들었는데 의사 선생님으로도 안 되고 돈으로도 안 됩니다. 지금 심히 불안하오니 평강을 주세요. 약 없이 잠을 못 자니 잠을 푹 자게 해 주세요. 내 아들이 멀리 떠났는데 돌아오게 해 주세요. 남편이 방황하고 있으니 돌아오게 해 주세요." 이렇게 간단한 것입니다.

이제 사랑을 받아야 할 때가 왔습니다. 하나님이 부어 주시는 그 엄청난 사랑을 받아들여야 합니다. 그분이 주시는 평화와 기쁨, 축복 그것이 당신 인생의 후반전입니다. 정말 멋있게, 아름답게 축복을 받으며 살기를 축원합니다.

세 번째, 반응해야 합니다. 아까 말한 것처럼 우리는 반응해야 합니다. 반응하는 방법, 요청하는 방법은 바로 기도입니다. 짐승은 기도하지 못합니다. 기도하는 짐승을 본 적이 있습니까? 우리 인간만이

기도할 수 있습니다. 상대 없이 기도하는 걸 독백이라고 하는데, 그것은 허공을 치는 것입니다. 기도는 대상이 있어야 하는데 우리 기도를 들어주시는 분이 존재합니다. 바로 하나님이십니다. 그걸 가리켜 대화라고 하는데, 그분은 우리의 기도를 들어주실 뿐 아니라 우리에게 말씀도 하십니다.

이렇게 한번 기도해 봅시다. 눈을 뜨고 해도 괜찮으니 그냥 따라해 보는 겁니다.

"하나님 아버지, 저는 죄인입니다. 그동안 하나님 없이 살아 왔습니다. 때로는 외로웠고 피곤했고 좌절했습니다. 믿음을 갖고 싶었지만 늘 방황했고, 희망을 갖고 싶었지만 늘 좌절했습니다. 사랑하고 싶었지만 분노와 미움이 앞섰습니다. 이제 겸손히 하나님 앞에 자신과 내 허물과 죄인된 모습을 고백합니다. 나를 도와주세요. 하나님을 믿고 싶습니다. 믿음의 삶을, 희망의 삶을, 사랑의 삶을 살고 싶습니다. 하나님 아버지, 내 죄와 어리석음을 용서하여 주옵소서. 조건 없는 하나님의 사랑 앞에 새로운 사람이 되고 싶습니다. 예수님 이름으로 기도합니다."

이 기도에 거부감이 듭니까? 만약 이것이 자신의 기도라는 생각이 든다면 정말 그런 생각이 든다면, 이제부터는 하나님과 새롭게 살아갈 수 있습니다. 평생 사랑을 주면서 살아 왔지만 이제 당신은 하나님의 사랑을 받을 때가 된 것입니다. 이제 사랑을 받아야 할 때가 왔습니다. 하나님이 부어 주시는 그 엄청난 사랑을 받아들여야 합니다. 그분이 주시는 평화와 기쁨, 축복 그것이 당신 인생의 후반전입니다. 정말 멋있게, 아름답게 축복을 받으며 살길 축원합니다.

셋째 날

어머니의 이름

아낌없는 주는 나무, 어머니

어머니는 단어 그 자체만으로도 우리 가슴을 뭉클하게 만듭니다. 어머니를 생각하면 우리가 그렇듯 당신의 자녀도 그런 생각을 할 것입니다. 이 나이가 되면 온전하게 건강한 사람이 없는 것 같습니다. 어딘가 하나씩 고장이 났을 겁니다. 다리가 아프지 않으면 심장이 안 좋고 혈압에 문제가 있거나 당뇨가 있고 뼈가 쑤시고 속에 문제가 있기도 합니다. 아낌없이 주는 나무처럼 진액까지 다 뽑아 자식을 위해, 남편을 위해 한평생을 헌신했기 때문입니다. 지금도 그렇게 살고 있지만 오래전 돌아가신 어머니도 여기 모인 사람들을 위해 그렇게 사셨을 겁니다. 그래서 어머니는 마음의 고향이자 영혼의 안식처입니다. "어머니, 고맙습니다"라는 말이 절로 나옵니다. 지금도 돌아가신 어머니 생각만 하면 눈물이 납니다.

어머니가 없다면 세상 살아가는 것이 얼마나 힘들겠습니까? 어머니의 사랑은 바다와 같다는 표현을 자주 씁니다. 그런데 그 어머니가 나를 사랑할 뿐만 아니라 나를 위해 기도해 준다면 얼마나 좋겠습니까! 첫째 날은 어머니의 꿈에 대해서, 둘째 날은 어머니의 사랑에 대해 얘기했습니다. 그러면서 영혼의 비타민 세 가지를 이야기했습니다. 믿음 비타민에서는 사람을 믿는 것도 중요하지만 더 중요한 건 하나님을 믿는 거라고 말했습니다. 사람을 믿으면 땅에서 행복한데 하나님을 믿으면 하늘에서 영원히 행복합니다.

그다음으로 희망 비타민을 이야기했습니다. 희망을 가진, 꿈을 가진 사람의 눈은 항상 빈찍기립니다. 반면 희망을 접어 버린 사람에게는 미래가 없습니다. 우리에게는 사는 것도 중요하지만 어쩌면 죽는 것이 더 중요할지도 모릅니다. 지금까지 60 평생을 살아 온 것도 중요하지만 앞으로 천국에 가서 사는 삶이 더 중요하다는 말입니다. 이어령 선생은 소설을 쓰는 것보다 자신의 인생을 한마디로 정리하는 것이 더 중요하다고 말했습니다. 당신의 인생을 무엇이라고 정의하겠습니까? 꿈, 백일몽입니까? 아닙니다. 진짜 꿈은 살아 있습니다.

마지막으로 사랑 비타민에 대해 얘기했는데 사랑은 만병통치약으로, 지치고 힘들 때 아픈 곳을 치료해 줍니다. 또한 사랑은 다른 사람의 아픔도 치료해 줍니다. 아버지도 있지만 왜 어머니가 그렇게 좋은 걸까요? 어머니는 사랑의 대명사이면서 우리의 희망이기 때문입니다.

이 시간 세 가지 비타민을 더 이야기할까 합니다. 첫 번째, 감사라는 비타민입니다. 일단 감사하면 모든 불평이 사라집니다. 오늘 이 시간에 특별히 몸이 아픈 사람들을 위해 기도해 주고 싶습니다. 간암 수술을 여러 번 받아서 아픈 사람을 보면 내 마음이 얼마나 안타까운지 모릅니다. "하나님, 저 사람 꼭 좀 살려 주세요. 건강하게 해 주세요." 하나님이 오늘 이 자리에 모인 아픈 사람들의 병을 다 고쳐 주시기를 바랍니다.

> 아무리 인생이 슬프고 고통스러워도 기쁨을 잊지 않는다는 건 굉장히 중요합니다. 우리 주변에 슬픔과 고통이 너무 많기 때문입니다.

두 번째, 기쁨이라는 비타민이 있습니다. 항상 기쁜 마음으로 살 수 있다면 얼마나 좋겠습니까? 아무리 인생이 슬프고 고통스러워도 기쁨을 잊지 않는다는 건 굉장히 중요합니다. 우리 주변에 슬픔과 고통이 너무 많기 때문입니다.

마지막으로 기도라는 비타민이 있는데, 이와 관련된 이야기는 나중에 기회가 된다면 자세하게 이야기하겠습니다.

복의 근원이 되는 이름의 능력

어머니 이름에 대해 말씀을 나누고 싶습니다. 이름은 아주 소중한 것입니다. 이어령 선생은 60 평생을 살아 오면서 자기 이름 잊어버린 채 살아 왔다는 얘기를 했습니다. 사실 그 말이 맞습니다. '아! 내가 벌써 이 나이가 되었나'라는 생각이 들면 순간순간 깜짝 놀라곤 합니다. 그리고 오랜 시간 자신의 이름으로 불리지 못하고 '누구의 엄마'로 불려 왔다는 사실을 깨닫게 됩니다. 나도 아내를 부를 때 이름으로 안 부르게 되더군요.

이름은 그 사람을 대표하고 상징합니다. 그리고 이상하게도 이름은 그 이름의 소유자에게 영향을 줍니다. 이름이 그 이름을 가진 사람에게 영향을 준다는 말입니다. 그러므로 이름을 잘 지어 주어야 합니다. 이름은 그 자신에게만 영향을 주는 것이 아니라 다른 사람에게도 영향을 줍니다. "호랑이는 죽어서 가죽을 남기고 사람은 죽어서 이름을 남긴다"라는 속담도 있지 않습니까. 이름은 그만큼 중요한 것입니다. 하나님도 이름을 굉장히 중요하게 생각하실 거란 생각이 듭니다.

세상에 태어나면 누구나 이름을 받게 되는데, 그 이름은 보통 존경하는 집안 어른이나 사랑하는 사람들이 지어 줍니다. 성경에 보면 이름에 관한 얘기가 참 많이 나옵니다. 예를 들어 하나님께서 최초의 인간, 남자를 만드시고 이름을 지어 주셨는데 그 이름이 아담입니다. 아담의 이름을 지어 주시고 또 여자를 만드셨는데, 그 이름을 하와라고 부르셨습니다.

하나님은 최초의 인간을 흙으로 만드셨고, 그런 이유로 흙이라는 의미를 가진 아담이라는 이름을 주셨습니다. 다시 말해 아담은 땅의 사람이라는 의미입니다. 사람은 죽으면 어디로 갑니까? 그 이름처럼 흙으로 돌아갑니다. 이건 바꿀 수 없는 사실입니다. 그런데 여자의 이름은 좀 다릅니다. 하와는 생명을 주는 산 자의 어미라는 뜻입니다.

인류 최초의 살인자인 가인의 이름은 획득이라는 뜻을 가졌고, 아벨은 호흡이라는 뜻을 가졌습니다. 우리가 믿음의 조상이라고 부르는 아브라함의 이름에는 재미있는 사연이 있습니다. 원래 그의 이름은 큰 아버지라는 뜻의 아브람이었는데, 하나님은 그 이름을 열국의 아버지라는 뜻의 아브라함으로 바꾸셨습니다. 하나님은 아브라함의 부인 사래도 그 이름을 사라라고 바꾸셨습니다. 사래는 큰 어머니라는 뜻이지만 사라는 열국의 어미라는 뜻입니다. 신약에도 나오는 마태, 마가, 누가라는 이름에도 저마다의 뜻이 있습니다.

당신 이름의 뜻은 무엇입니까? 당신에게 왜 그 이름을 지어 주셨을까요? 예수님을 처음 믿고 너무 좋아서 시골에 의료 진료를 하는데 따라가서 접수를 보게 되었습니다. 그때 나이 많은 한 할머님이 오셨는데, 성함이 박딸그만이었습니다. 그게 무슨 이름인가 했더니 딸을 일곱이나 낳아서 딸을 그만 낳게 해 달라고 박딸그만이라고 지었다고 합니다. '아, 세상에 이런 이름도 있구나'라는 생각이 들어 몇 번이나 물어봤습니다. 어느 책에서 보니 북한 아이의 이름이 김반미였습니다. 반미, '미국을 반대한다'라는 의미로 그런 이름을 지었다고 합니다.

요즘은 이름을 예쁘게 짓는 사람이 많습니다. 이기쁨, 얼마나 예쁜 이름입니까! 이재훈 목사의 아들 이름이 은택인데, 시편에서 따 왔다고 합니다. "하나님의 은택을 잊지 말지어다" "하나님의 은혜"라는 뜻이라고 합니다. 하나님은 야곱의 이름을 이스라엘이라고 바꿔 주셨습니다. 지금 이스라엘이라는 나라 이름도 바로 그것인데, 이스라엘은 하나님이 이름을 지어 주신 것입니다.

이 자리를 통해 당신의 진짜 이름을 찾아 드리고 싶습니다. 성경에 보면 이름의 중요성을 알 수 있는데, 다음은 하나님께서 믿음의 조상이라고 부르는 아브라함에게 하신 말입니다.

"여호와께서 아브람에게 이르시되 너는 너의 고향과 친척과 아버지의 집을 떠나 내가 네게 보여 줄 땅으로 가라 내가 너로 큰 민족을 이루고 네게 복을 주어 네 이름을 창대하게 하리니"(창 12:1-2).

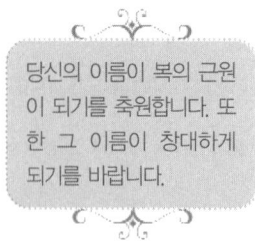
당신의 이름이 복의 근원이 되기를 축원합니다. 또한 그 이름이 창대하게 되기를 바랍니다.

이 구절을 보면 하나님이 우리에게 이름을 주시고 "그 이름이 복의 근원이 되게 하시고 그 이름을 크게 만들어 주겠다."라고 약속하신 것을 알 수 있습니다. 나는 당신의 이름이 복의 근원이 되기를 축원합니다. 또한 그 이름이 창대하게 되기를 바랍니다.

예수, 거룩하신 하나님의 또 다른 이름

구원이란 무엇입니까? 하나님, 즉 구원자의 이름을 부르는 것이 구원입니다. 하나님의 이름을 부르는 순간 그분은 우리에게 생명과 축복과 구원을 주십니다. 우리가 하나님이라고 부르는 순간 구원이 임하게 됩니다. 그래서 자꾸 하나님을 믿으라는 겁니다. 하나님 이름을 부르라는 겁니다. 우리를 구원할 자의 이름을 부르는 것이 구원입니다.

누가 아버지의 이름을 물으면 우리는 이름을 그대로 말하지 않고 무슨 자 무슨 자 하고 대답합니다. 구약에서도 하나님의 이름을 부르는데 대단히 크고 엄청난 분이라서 히브리 사람들은 감히 그 이름을 부르지 못했습니다. 글자로 하나님이 나오면 모음은 썼지만 감히 발음할 수가 없어서 자음을 안 썼다고 합니다. 대단히 거룩하고, 온전하고, 완전한 분이므로 그렇게 썼던 것입니다.

후대에 사람들이 그 모음을 연구해 보니 하나님이라는 이름이 여호아일 거라고 짐작한 것입니다. 그 뒤 더 연구해서 모음을 찾아보니 야훼일 것 같다는 것입니다. 혹시 야훼 하나님, 여호와 하나님이라는 단어를 들어 본 적이 있습니까? 그래서 구약에서는 하나님의 이름을 여러 가지로 표현합니다. "엘로힘, 전능하신 하나님" "엘엘리온, 지극히 높으신 하나님" "엘엘롬, 신비로운 하나님" "여호와 이레, 준비하시는 하나님" "여호와 라파, 치료하시는 하나님" "여호와 닛시, 승리하시는 하나님" "여호와 로이, 목자이신 하나님" 등 하나님을 나타내는 다양한 이름이 있습니다.

하나님은 인간이 아니라 우리를 창조하신 영입니다. 그래서 우리 인간은 영이신 하나님을 잘 이해할 수가 없습니다. 하나님은 그 자신을 우리에게 보여 주시기 위해 할 수 있는 방법을 한 가지 마련하셨습니다. 인간은 신이 될 수 없지만 인간의 끝없는 욕망은 바로 신이 되고 싶다는 것입니다. 진시황을 비롯해 무솔리니, 나폴레옹 등은 전 세계를 자기 손아귀에 넣고 싶어 했습니다. 인간은 권력을 가지면 신이 될 줄 알았습니다. 그러나 불행하게도 인간은 신이 될 수 없습니다. 왜 인간은 신이 될 수 없습니까? 유한한 존재이기 때문입니다. 그러나 하나님은 전지전능한 존재이므로 인간이 될 수 있습니다. 진짜 하나님이시기 때문에 죄로 말미암아 죽게 된 우리를 구원하기 위해 인간으로 오신 것입니다. 절대자이신 하나님으로는 우리를 구원할 수가 없어서 인간으로 오신 겁니다.

구원을 받기 위해서는 우리에게 두 가지 조건이 필요합니다. 먼저 그가 구원자이신 하나님이어야 합니다. 하나님이 아니면 인간을 구원할 수가 없습니다. 인간이 인간을 어떻게 구원할 수 있겠습니까? 가장 위대한 종교 창시자라고 할지라도 그는 죽을 수밖에 없는 인간이기에 궁극적으로 다른 인간을 구원할 수 없습니다. 죄인은 죄인을 구원할 수 없습니다. 죄인을 구원하기 위해서는 죄가 없어야 합니다. 그러나 동시에 그가 하나님이면 어떻게 인간을 구원할 수 있겠습니까? 나는 인간이고 그분은 하나님인데 말입니다. 그러니 인간을 구원할 수 있는 존재는 인간이 되어야 합니다. 이처럼 두 가지 조건은 그가 하나님인 동시에 인간이어야 한다는 것입니다. 인류 역사상 이런 분이 딱 한 분 계십니다. 바로 예수 그리스도이십니다. 그래서 예수 그리스도를 믿으라고 이야기하는 것입니다.

하나님이 인간이 되셨는데 그분의 이름을 우리는 예수라고 말합니다. 그래서 우리는 예수님을 만나면 큰 갈등을 하게 됩니다. 차라리 인간이면 인간이고 하나님이면 하나님이지 어떻게 하나님이면서 인간이 될 수 있었을까 하는 갈등입니다. 그러나 여기에 구원의 진리와 핵심이 있습니다. 우리를 구원하실 분은 하나님이십니다. 인간은 누구를 막론하고 인간을 구원할 수 없습니다. 인간은 죽음의 존재이므로 인간을 구원할 수 있는 분은 하나님이셔야 됩니다. 그러나 동시에 그분은 우리와 똑같은 인간이어야 합니다.

가장 위대한 것은 무엇입니까? 자신을 낮추는 것입니다. 사람은 높아지기는 쉬워도 낮아지기는 어렵습니다. 하나님의 가장 위대한 점은 하나님이시지만 인간이 되셨다는 것입니다. 우리를 구원하기 위하여 인간이 되셨는데 그분은 십자가에 못 박혀 죽으셨습니다. 그분이 바로 예수 그리스도이십니다.

다음 성경구절을 보면 기막힌 말이 몇 가지가 있습니다.

> "너희 안에 이 마음을 품으라 곧 그리스도 예수의 마음이니 그는 근본 하나님의 본체시나 하나님과 동등됨을 취할 것으로 여기지 아니하시고 오히려 자기를 비워 종의 형체를 가지사 사람들과 같이 되셨고 사람의 모양으로 나타나사 자기를 낮추시고 죽기까지 복종하셨으니 곧 십자가에 죽으심이라"
> (빌 2:5-8).

하나님은 그분을 지극히 높여 모든 이름 위에 뛰어난 이름을 주셨습니다. 왜 예수님의 이름이 뛰어납니까? 하나님이셨기 때문입니다. 그분은 우리처럼 단순한 인간이 아니라 본래 하나님이셨는데 우리를 구원하기 위하여 여자의 몸에서 인간의 몸으로 태어나셨습니다. 우리와 똑같은 인간으로 오셔서 인간을 위해 십자가에서 못 박혀 죽으심으로 말미암아 영원히 죽어야 할 그 심판과 저주와 죽음에서 우리를 구원해 주셨습니다. 우리를 하나님의 자녀로 만들어 주셨으므로 그 이름은 뛰어난 이름이요, 영원한 이름이라고 하는 것입니다.

예수님은 "내가 곧 길이요 진리요 생명이니 나로 말미암지 않고는 아버지께로 올 자가 없느니라"(요 14:6)고 말씀하셨습니다. 이처럼 예수님이 바로 하나님이십니다. 그래서 우리는 예수를 하나님의 이름이라고 말합니다. 하나님의 이름이 바로 예수인 것입니다. 그분은 하나님이셨지만 우리와 똑같은 인간이 되셨으므로 "모든 이름 위에 뛰어난 이름을 주사 하늘에 있는 자들과 땅에 있는 자들과 땅 아래에 있는 자들로 모든 무릎을 예수의 이름에 꿇게 하시고"(빌 2:9-10)라고 한 것입니다. 모든 인간의 무릎을 예수님께 꿇게 하시고 모든 입으로 예수 그리스도를 주라 시인하여 하나님 아버지께 영광을 돌리게 하셨습니다.

생명책에 기록될 당신의 이름

성경에 보면 "내가 너를 내 손바닥에 새겼고"(사 49:16)라는 구절이 있습니다. 오늘 하나님을 믿기로 결정하고 예수님을 믿기로 결정하면 무슨 일이 일어날지 상상할 수 있습니까? 하나님은 당신의 이름을 손바닥에 쓰겠다고 하셨습니다. 이 사실을 믿어야 합니다. 이 시간에 당신의 이름이 하나님의 손바닥에 새겨졌습니다. 누가복음, 빌립보서, 요한계시록에 보면 하나님나라에는 생명책이 있다고 합니다. 하나님은 그 생명책에 당신의 이름을 기록하실 겁니다.

"주 예수를 믿으라 그리하면 너와 네 집이 구원을 받으리라"
(행 16:31).

"누구든지 주의 이름을 부르는 자는 구원을 받으리라" (행 2:21).

하나님과 예수님을 말하는 순간 놀랍게도 당신의 이름이 천국의 생명책에 기록되고 하나님의 손바닥에 기록된다는 것입니다.

요즘에는 인터넷이나 전화로 대학 합격 여부를 물어보지만 예전에는 합격자를 발표하는 날 꼭 학교에 갔습니다. 학교에 가면 학교 운동장에 길쭉하게 합격자 명단이 붙어 있었는데, 그곳에 이름이 있으면 "와" 하고 기쁨의 함성을 지르지만 아무리 찾아봐도 이름이 없으면 코가 석 자나 빠져 돌아가야 했습니다.

> 가장 위대한 것은 자신을 낮추는 것입니다. 사람은 높아지기는 쉬워도 낮아지기는 어렵습니다. 하나님의 가장 위대한 섬은 하나님이시지만 인간이 되셨다는 것입니다.

천국 문 앞에서 아무리 봐도 당신의 이름이 없으면 끝장나는 것입니다. 그러나 걱정할 필요 없습니다. 당신의 이름이 천국의 생명책에 기록되어 있고, 당신의 이름이 하나님의 손바닥에 새겨져 있기 때문입니다. 세상에서는 당신의 이름이 많이 불리지 않았을지도 모릅니다. 하지만 우리는 걱정할 이유가 없습니다. 오늘 당신의 이름을 찾아 드리겠습니다. 사람들이 기억하는 이름이 아니라 하나님이 기억하시는 이름, 땅의 이름이 아니라 죽어서 천국에 가면 있는 이름을 이야기하고 싶습니다.

오늘 그 이름을 확인하길 바랍니다. 아무개, 그 이름이 땅의 호적에만 있는 것이 아니라 주민등록증에만 있는 것이 아니라 오늘 하나님나라의 생명책에 기록되어 있다는 것입니다. 우리는 언제 죽을지 아무도 장담하지 못합니다. 오늘 잠자리에 들었다가 조용히 눈을 감을지도 모릅니다. 그러나 생명책에 당신의 이름이 기록되어 있으니 걱정할 필요가 없습니다.

어머니의 이름은 그리움을 가져다줍니다. 외롭거나 피곤하고 지칠 때 어머니의 이름은 우리를 행복하게 만들어 줍니다. 그러나 진짜 중요한 것은 당신의 이름이 하나님 손바닥에 새겨져야 하고, 하나님 나라의 생명책에 기록되어야 한다는 사실입니다. 그래야만 안심하고 죽을 수 있습니다. 당신의 이름이 천국에 계시는 하나님의 손바닥에 영원히 기록되었기 때문입니다.

오늘 당신의 이름이 하나님나라의 생명책에 기록되기를 바랍니다. "아직까지 잘 모르겠는데, 믿어지지 않는데…"라는 사람도 있을 것입니다. 그러면 20대나 30대 결혼했을 때 그 남자에 대해 다 알고 결혼했습니까? 어떤 사람은 얼굴도 모른 채 선보고 결혼한 사람도 있고, 연애해서 결혼한 사람도 있을 겁니다. 어찌 됐든 간에 연애한다고 전부 안다고 말할 수 있습니까? 오히려 연애하면 더 모릅니다. 그땐 사랑에 미쳐 제정신이 아닙니다. 그래서 결혼하고 후회하는 사람이 얼마나 많습니까. 만약 다 알고 나서 결혼하겠다고 한다면 60이 넘어서도 결혼하지 못할 겁니다. 또한 수십 년을 살고도 그 속을 알 수가 없습니다. 다 알진 못하지만 결혼하고 나서 같이 아기 낳고 살면서 서로를 알아 가게 됩니다.

물론 우리는 지금 하나님을 다 알 수가 없습니다. 어떻게 다 알겠습니까? 그런데 다 알 수 없지만 이상하게 믿어지는 겁니다. 이건 절대 강제로 못 합니다. 이상하게 그 말을 들으면 거짓말 같은데 믿어지고 마음이 편해지는 겁니다. 그분이 나를 도와줄 것 같고, 나를 구원해 줄 것 같고, 나를 축복해 줄 것 같은 그런 생각이 듭니다. 어쩌면 그것은 기적 같은 일인지도 모릅니다. 오늘 이런 기적이 당신에게 일어나기를 바랍니다.

하나님을 다 모르고, 교회도 잘 모르고, 성경도 잘 모르지만 이 시간에 그런 기적이 일어나길 바랍니다. 당신을 구원해 주실 분은 다른 사람이 아니라 당신을 창조하신 분입니다. 그리고 자식을 도와줄 분은 낳은 부모인 우리가 아니라 우리를 창조하신 그분입니다. 부모가 낳은 자식을 위해 평생을 바치는 것처럼 우리를 구원해 주실 분도, 우리를 도와주는 분도 그분이십니다. 지금 크게 한번 외쳐 봅시다.

"하나님, 믿고 싶습니다. 하나님, 어제까진 결정하지 못했지만 오늘 드디어 이름을 부르겠습니다. 예수님이 하나님의 아들이신 것을 믿습니다. 예수님은 인간이지만 하나님의 아들로 세상에 오신 것을 믿습니다. 그런 믿음을 주옵소서. 천국을 누리게 해 주옵소서. 세상이 아무리 슬퍼도 기쁨으로 살게 하시고 고통스러워도 천국을 바라보며 살게 해 주옵소서. 예수님 이름으로 기도합니다. 아멘."

이제부터 하나님을 알아 가야 합니다. 하나님을 배워 가야 합니다. 그분이 얼마나 당신을 사랑하고 축복하고 당신의 병을 고쳐 주길 원하시는지 알아 가야 합니다. 그분이 얼마나 당신의 앞길을 열어 주길 원하시고 자녀를 축복해 주시고 미래를 축복해 주시는 분인가를 깨닫기 바랍니다.

당신의 이름이 하나님의 손바닥에 기록되고, 그 이름이 천국에 기록될 수 있도록 하나님을 초청하길 바랍니다. "하나님 내게로 오세요. 지금까지는 인생을 혼자 살았기 때문에 그렇게 두렵고 무섭고 힘들고 외롭고 고통스러웠지만, 이제 인생의 후반전은 하나님과 함께 살기를 원합니다. 하나님, 내 인생으로 들어오셔서 나를 붙잡아 주세요. 나를 강하게 만들어 주세요. 나를 건강하게 해 주세요. 그런 축복된 삶을 살게 해 주세요."

이런 축복을 누리고 싶지 않습니까? 하나님께서 오늘 당신에게 이런 삶을 주실 줄로 믿습니다.

Bravo!

직장보다는, 세상적 성공보다는, 이제 진정한 인생의 성공을 찾고 가정의 화목을 위해
아내와 자녀와의 관계를 새롭게 정립해 볼 때이다. 하나님과 만나면 브라보 인생이 보인다.

05
당신에게 브라보를 외칩니다

50대 남성을 위한 전도집회

● 50대 남성을 표현하는 단어 ●

인생의 전환기, 외로움, 로맨스 갈망, 여자친구, 일탈, 정리 단계, 사회생활의 정점, 육체적 능력 저하, 황혼이혼

● 50대 남성의 특징 ●

50대 남성은 퇴직, 건강 약화, 자신감 상실, 부모와 자녀를 함께 부양해야 하는 이중 부담, 아내의 발언권 강화 등으로 자아 상실감이 고조되는 시기다. 따라서 이들에게 남자로서의 용기와 자부심, 살아 온 인생에 대한 긍정적인 재평가를 할 수 있도록 해서 남은 25여 년간의 삶을 적극적이고 용기 있게 살아가도록 격려하기 위한 동기부여가 필요하다.

● 50대 남성의 필요 ●

① 사회적 필요
사회적으로 인정받지 못하고 뒷전으로 밀려나는 세대로 불안감이 고조되긴 하지만 그 불안감을 털어 내고 인생의 성공자로서 우뚝 서기를 갈망한다.

② 심리적 필요
생리적·신체적·사회적으로 위기이지만 그런 상황을 긍정적으로 받아들이고, 50대 남성으로서 할 수 있는 원숙한 사랑과 성공과 용기에 대한 새로운 개념으로, 자아 회복의 단계로 들어가야 할 필요성을 느낀다.

③ 가정적 필요
한국의 50대는 가정을 이끌어 가는 훈련이 거의 되어 있지 않다. 급격한 산업화와 직장문화의 여러 가지 병폐는 좋은 남편과 아버지로서 지낼 수 있는 시간을 빼앗아 갔다. 따라서 이들은 남편으로서의 아내에 대한 사랑을 회복해야 하고, 아버지로서의 자식에 대한 사랑을 회복해야 한다.

④ 경제적 필요
부모님 봉양과 자녀의 양육 문제로 경제적으로 가장 큰 짐을 지는 시기이지만 직장에선 별로 환영받지 못하는 나이다. 아울러 우리나라의 남성 평균 수명이 74.4세로 해마다 평균치를 갱신하고 있으므로 직장에서 물러나 20~30년간의 생계를 유지할 수 있는 방법을 모색해야 한다. 이런 모든 것이 불안과 필요 요소로 작용하고 있다.

⑤ 영적 필요
건강의 위기, 경제적 위기, 가정의 위기에 직면해 있다 보니 정신적·육체적으로 지쳐 있어 삶에서 새로운 용기를 얻길 간절히 바라고 있다. 그들의 삶에 용기와 희망을 줄 수 있는 뭔가에 대한 갈망이 있다.

첫째 날

남자의 용기

사회를 건강하게 이끄는 힘, 50대

우리나라 50대 남성한테서 웃음을 찾아보기 힘든 것이 현실입니다. 잘 웃지를 않습니다. 험난한 세월을 지내 오면서 웃음을 잃은 채 살아 오지 않았나 하는 생각이 듭니다. 온누리교회에는 50대 장로님이 30~40명 됩니다.

우리네 세상살이가 이렇게 힘들다 보니 주름살이 늘고 웃음도 잃어버렸습니다. 사실 50이 넘으면 죽는 것 빼놓고 인생에서 할 수 있는 대부분 경험은 다 해 보았을 겁니다. 실패도 해 봤고 성공도 해 봤고, 건강할 때도 병들었을 때도 있었고, 자녀 문제와 부부 문제 등 세상살이에 별로 신기한 게 없습니다.

그리고 세상에서 좋고 흥분되고 즐겁던 일을 이제는 마감할 때가 되다 보니 얻은 건 별로 없고, 건강을 잃거나 좌절하거나 절망할 일만 남아서 허무하다는 생각밖에 들지 않습니다.

온누리교회에 나오는 50대 남성들은 모임이 있어 만나면 애들처럼 좋아합니다. '술도 마시지 않고 이렇게 재미있게 살 수 있나'라는 생각이 들 정도랍니다. 40대도 아니고 50이 넘어서 이렇게 즐거운 마음으로 밤을 샐 수 있는 데가 교회라는 사실 앞에 굉장히 충격을 받고 스스로도 놀라워합니다.

우리 주변에 있는 50대 친구들, 그리고 가족도 '이런 기쁨과 즐거움을 함께 나눴으면 좋겠다'라는 생각을 합니다. "해 볼 것은 다 해 봤으니 예수님을 함께 믿으면서 안 해 본 것을 해 보자. 하나님을 좀 믿어 보자"라고 말합니다.

윤형주 장로와는 오랜 시간 사귀었는데, 옆에서 보면 눈물이 날 정도로 고마운 사람입니다. 그가 암 환자나 인생의 희망 없는 사람을 조용히 찾아가서 장례도 치러 주고, 임종을 지켜봐 주고, 그 가족들을 격려하는 경건한 모습을 보면 어느 때는 눈물이 날 정도입니다. '50대에도 이런 비밀이 있구나. 인생이 한순간에 경건해질 수 있구나. 우리 인생에는 세상이 주지 못하는 평안과 기쁨이 있구나. 세상의 평안은 누릴수록 더 불안한데, 그것은 감동이 아니라 쾌락이기 때문이

구나. 그리고 많은 것을 얻었다고 했지만 지어 놓고 보니 고무풍선이 아닌가'라는 생각을 하게 됩니다.

과연 인생의 평안이라는 게 있다고 생각합니까? 기쁨이라는 게 있다고 생각합니까? '브라보'라고 하는 모임을 하면서 이런 생각을 자주 하게 되었습니다. 우리 50대 남성의 이야기를 들어 보면 초등학교 동창, 중학교 동창, 고등학교 동창, 대학교 동창 중에 갑자기 세상을 떠난 친구가 너무 많다는 겁니다. 친구들이 어떤지 알고 있습니까? 다 건재합니까? 벌써 한 사람, 한 사람 가기 시작했을 겁니다. 우리나라에서는 50대가 갑자기 무대에서 사라지고 있습니다. 우리 사회의 심층 심리를 분석하는 리포트에서 "한국에 국부를 이루었던, 오늘날의 한국을 이루기 위해 초석을 만들었던 그 세대가 50대다. 그러나 그들은 사각지대에서 가장 푸대접을 받고 역사 무대에서 사라졌다"라는 결론을 내렸습니다. 현실이 정말 그렇다는 생각이 듭니다.

어느 사회나 조직이나 건강한 50대가 있어야 합니다. 어떤 교회가 건강한지 살펴보면 50대 남성이 주축을 이루어야 그 교회가 건강합니다. 사회도 50대 남성이 이끌어 가야 합니다. 에너지와 비전, 영성이 있고 미래가 있는 사람들이 사회를 이끌어 가야 합니다. 그때 비로소 그 사회가 건강합니다.

몇몇 사람과 아프가니스탄에 다녀왔습니다. 장관들을 비롯해 여러 사람을 만났는데 굉장히 놀라운 사실은 아프가니스탄에 40~50대가 전멸했다는 겁니다. 그래서 지금 고위 관리와 공무원 전부가 60대를 넘어선 사람이라고 합니다. 나라를 이끌어 갈 인재가 없다 보니 숨어 있던 60대를 장관시키고 국장시켰답니다. 그런데 60대를 넘긴 사람들은 머리 회전이 빠르지 않고, 사무직으로 일 해 본 경험이 없어서 국가 조직 자체가 제대로 돌아가지 않는 것을 목격하고 돌아왔습니다. 한참 일해야 할 40~50대 남성이 다 죽었기 때문입니다.

> 사회도 50대 남성이 이끌어 가야 합니다. 에너지와 비전 영성이 있고 미래가 있는 사람들이 사회를 이끌어 가야 합니다. 그때 비로소 그 사회가 건강합니다.

50대라고 하면 연령적으로 나와 비슷하다 보니 동창생을 만난 것 같습니다. 살아 왔던 시대적 상황도 비슷하고 가치관이나 행동 양식도 비슷합니다. 어린 시절에 6·25가 터졌고, 1960~70년대 박정희 대통령이 정치를 히던 때 학교에 다녔고 직장을 잡았고 결혼을 했습니다. 그리고 사업을 하느라고 정신이 없었습니다.

우리 머릿속에는 가난이라는 단어가 떠나지 않습니다. 그래서 옷 하나를 입어도 가방을 들어도 책을 사도 자신이 원하는 것을 다 소유하지 못했기 때문에 부에 대한 목마름이 있습니다.

우리 머릿속에는 군부정치라고 하는 시대적 상황이 기억으로 남아 있습니다. 우리는 어린 시절 군사문화를 배웠고 군대에 가서 훈련받고 매 맞고 세상에 나와서도 군대식으로 사업하고 군대식으로 살았던 시대 문화를 비켜 갈 수가 없습니다. 우리는 기본적으로 유교문화와 군사문화가 섞인 가치관을 가지고 있습니다. 그 가치관과 그 잣대로 공부를 했고, 사업을 했고, 세상을 평가하고 살아 온 것입니다.

미래에 대한 적응력을 키워라

1980년대 중간간부를 거치고 90년대 기업체 임원이나 고위직을 거치면서 아까 말한 대로 외환위기를 맞았습니다. 그래서 우리의 사회 환경은 급변했고, 꿈은 깨어졌고, 우리의 자리는 위태롭게 되었고, 우리의 미래까지 불안하게 되었습니다. 10~50대를 대상으로 심리분석을 한 리포트를 보니 우리나라의 50대 중 57퍼센트가 '자아상실적 현실형'으로 나타났다고 합니다. 이는 통계를 통해서도 알 수 있습니다.

그럼에도 50대 10명 중 4명이 현실에 적응하지 못하는 전통적 가치관의 노예가 되어 있습니다. 가부장적인 태도와 남아선호 사상, 부르주아적 사고방식을 갖고 있습니다. 성공에 대한 집착이 강한 이런 사고방식을 가져서 은퇴하거나 자신의 자리를 잃어버렸을 때 새로운 미래에 대한 적응력이 굉장히 약하고 은퇴 준비도, 명퇴 준비도 되어 있지 않습니다. 그러다 보니 직장을 잃어버리고 다른 새로운 삶을 살아가야 될 때 당황하게 됩니다.

온누리교회에 다니는 40대 장로님들이 이런 상담을 많이 해 옵니다. "목사님, 앞으로 10년 정도 더 직장생활을 할 겁니다. 그러면 아이들 결혼도 다 시켰을 테고 그때는 사업을 접고 선교사로 갈 겁니다." 이들은 10년 전부터 "은퇴하고 나서 남은 생애는 남한테 구걸하지 않을 만큼 준비하겠습니다"라고 계획을 세워 놓았습니다. 도쿄의 온누리교회 장재현 목사는 한 10년 전부터 이런 얘기를 했습니다. 아들 딸 결혼시키는 것은 아버지의 의무니까 그것을 다 지켜보고, 그다음에는 차분차분 정리를 하더라고요.

40대부터 은퇴 준비를 한 사람들은 어떤 위기가 닥쳐도 흔들리지 않습니다. 이미 준비하고 있었기 때문입니다. 그런데 준비되지 않은 상태에서 갑자기 암에 걸렸거나, 직장을 잃어버렸거나, 환경이 변하면 앞이 캄캄하고 당황하고 가치관이 다 무너져 패배주의에 빠지게 됩니다. 그래서 자신의 능력을 제대로 활용하지 못하는 사람이 많습니다.

우리 50대의 삶을 흔들어 놓은 것은 직장이나 사회구조의 문제가 아닙니다. 지금 위기에 빠진 것은 비단 개인의 문제가 아닙니다. 구조적으로 상황적으로 개인의 잘못이 아니라 우리가 시대적으로 맞는 비극입니다. 물론 이 비극은 오래가지 않겠지만 그 비극의 주인공이 바로 50대라는 데 의미가 있습니다. "이것을 어떻게 극복할 것인가" 하는 겁니다. 혼자 힘으로, 인간의 힘으로, 친구의 힘으로, 지금까지 쌓아 온 지식이나 철학이나 인간관계나 그동안 삶의 근거로 삼아 온 것들이 흔들리는 상황 앞에서 "다시 희망을 가지고 자신의 역할을 감당할 수 있겠느냐" 하는 것이 문제입니다. 개인적인 실수가 아니라 국가적으로 당한 하나의 위기였기 때문입니다. 사회적 분위기가 구조조정으로 가는 데 어떻게 하겠습니까! 내가 더 있고 싶어도, 내가 잘못한 것이 없는데도 말입니다.

실제로 우리가 좀 더 생각해 봐야 될 것은 건강 문제입니다. 지금 건강관리를 하지 않으면 60대에 가서 대가를 치러야 합니다. 부라는 게 뭡니까? 성공이라는 게 뭡니까? 건강 앞에서는 누구나 무력해질 수밖에 없습니다.

직접 김상옥 회장님의 장례 집례를 했습니다. 그는 마지막 순간 예수님을 기적같이 영접했고 정말 순수하게 믿었습니다. 어느 날 그가 "목사님, 더 살고 싶은데 더 이상 살지 못할 것 같습니다. 죽음을 준비해야 되는데 어떻게 하면 좋습니까?"라는 질문을 한 적이 있습니다. 그리고 "장례식 때 사람을 많이 부르지 말아 주세요"라고 부탁했습니다. 그는 마지막에 예수님을 믿고 인생을 아름답게 마감했습니다. 우리 모두는 건강 문제에 각별히 신경을 써야 합니다.

그리고 우리가 실질적으로 당하는 문제는 개인의 건강보다 가정 문제입니다. 50대에 직장을 그만두고 가정으로 돌아왔더니 가장 불편해하는 사람이 바로 아내라고 합니다. 남편도 어쩔 줄 모르고, 아내도 어쩔 줄 모르는 겁니다. 바쁘게 살다 보니 가장 노릇을 제대로 못하다가 이제 와서 아버지 노릇을 하려니 아이들도 어색해하고 혼돈스러워한다는 이야기를 들었습니다. 직장을 떠나면서 삶의 소속감을 잃고 가정에 적응하지 못한 채 정체감의 위기가 한꺼번에 몰려오는 겁니다.

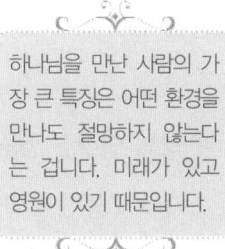

하나님을 만난 사람의 가장 큰 특징은 어떤 환경을 만나도 절망하지 않는다는 겁니다. 미래가 있고 영원이 있기 때문입니다.

미래와 꿈이 있는 사람

오늘 개인의 문제가 아니라 우리 전체가 겪는 이런 문제를 해결하기 위한 몇 가지 대안을 제시하려고 합니다. 성경에 이런 말씀이 있습니다.

"하나님을 사랑하는 자 곧 그의 뜻대로 부르심을 입은 자들에게는 모든 것이 합력하여 선을 이루느니라"(롬 8:28).

하나님을 믿지 않는 사람들은 불행하게도 죽으면 갈 데가 없습니다. 그러나 하나님을 믿는 사람들에게 확실한 것은 죽으면 갈 데가 있다는 겁니다.

우리의 인생은 짐승의 그것과 다릅니다. 죽으면 그것으로 끝나지 않습니다. "생명이 끝나면 그것으로 내 존재도 끝이다"라고 말할 수 있다면 얼마나 좋겠습니까! 짐승은 그것으로 끝납니다. 우리가 돼지고기를 먹고 쇠고기를 먹는 이유는 짐승에게는 영혼이 없기 때문입니다. 하지만 인간은 다릅니다. 죽었다고 해서 모든 게 끝나지 않습니다.

하나님을 만난 사람의 가장 큰 특징은 어떤 환경을 만나도 절망하지 않는다는 겁니다. 미래가 있고 영원이 있기 때문입니다. 미래가 있는 사람, 꿈이 있는 사람은 절망하지 않습니다. 또한 영원이 있는 사람은 현실에 절망하지 않습니다. 영원이 없는 사람에게는 현실밖에 없습니다. 현실에서 좌절하거나 실패하면 어디로 갈 데가 없습니다.

오늘 대안을 제시하고 싶습니다. "이것이 끝이 아니다"라는 것입니다. 건강 문제에서도 긍정적 사고를 하는 것이 건강의 비결입니다. 그것은 건강의 비결일 뿐 아니라 인생 전체의 비결입니다.

사람이 하는 일에는 운명이 아니라 섭리가 있습니다. 재수가 아니라 계획이 있습니다. 하나님이 없는 사람은 재수이고 운명이라고 생각하지만, 하나님이 있는 사람은 그것을 섭리이고 뜻이라고 여깁니다.

예전에 월드컵 술집에 전도하러 갔을 때입니다. 거기서 후라이보이 곽규석 목사가 사회를 보고 있어서 심방을 가겠다고 했더니 "목사님, 여기만은 제발 오지 마세요"라고 하더군요. 그래도 갔습니다. 2층에 앉아 있는데 거기에 신부님 한 분이 있었습니다. 그래서 둘이 인사를 나누는데, 호스티스들이 주변에 앉아 있더군요. 나도 할 말이 없어 우두커니 그 옆에 앉아 있었더니 호스티스들이 신부님한테 "왜 신부님이 되셨어요?"라고 질문하는 겁니다. 신부님이 "팔자지요"라고 대답했더니 호스티스들은 깜짝 놀라며 "아니, 신부님도 팔자라고 그러세요? 우리 같은 여자들이나 팔자 얘기를 하죠"라고 말하는 것이었습니다. 그러자 신부는 "섭리라고 말하면 알아듣겠소? 팔자라고 해야 알아듣지"라고 대답하는 겁니다.

예수님을 믿지 않는 사람에게는 팔자요, 하나님을 믿는 사람에게 섭리입니다. 그리고 예수님을 안 믿는 사람에게 고난은 저주이지만, 하나님을 아는 사람에게 고난은 축복입니다. 지금까지 우리가 살아왔던 삶의 가치, 방향, 속도를 바꾸어 주는 하나의 전환점이 됩니다. 그러므로 고난도, 실패도, 고통도 나름대로 의미가 있습니다.

"No cross, no crown." 이는 고난(십자가)이 없으면 면류관도 없다는 말입니다. "No pain no gains." 고통을 지불하지 않으면 얻는 게 없다는 뜻입니다.

나는 당신이 "고난은 끝이 아니다. 실패도 끝이 아니다"라는 하나님의 놀라운 진리를 깨닫게 되기를 바랍니다. 당신에게 암이라는 진단이 나오고 더 이상 직장을 다닐 수 없게 되고 그동안 꿈꾸던 것을 이루지 못했을지라도 "그것은 결코 끝이 아니다"라고 말할 수 있어야 합니다.

새로움에 대한 도전

두 번째로 제시하고 싶은 말씀이 하나 있는데, 미련을 버리고 새로운 일을 추구해야 한다는 것입니다. 한쪽 문이 닫히면 다른 쪽 문이 열리게 되어 있습니다. 사람은 왜 절망합니까? 닫힌 문만 보고 있기 때문입니다. 그 문을 억지로 열려고 하니까 손톱이 벗겨지고 피가 나고 고통스러운 것입니다. 그런데 가만히 보니 그 옆에 조그마한 문이 열려 있는 게 아닙니까! 당신의 인생이 닫혔습니까? 그러면 열린 문을 찾아야 합니다. 한쪽 문이 열려 있습니까? 새로운 세계가 있다는 뜻입니다.

아까 50대 형제를 만났는데 "목사님, 이 나이에 어떻게 예수님을 믿겠습니까? 딸이 오라고 해서 가정의 평안을 위해 오긴 왔지만, 내가 이 나이에…"라고 말했습니다. 그가 어떤 마음으로 이런 말을 했는지 이해가 됩니다. 우리가 안 해 본 게 뭐가 있습니까! 아니, 무엇이 더 궁금합니까! 이제 궁금한 게 뭐가 있습니까! 아마 경험해 볼 것은 대부분 다 했을 겁니다. 그런데 무슨 경험이 또 필요합니까!

하나님의 말씀에 의지해 이 이야기를 꼭 하고 싶습니다. "나의 절망은 하나님의 시작이다." 절망을 해 본 사람만이 진짜 믿음을 갖게 됩니다. 그리고 그 믿음의 힘은 우리가 상상할 수 없을 정도로 대단합니다.

> 아내를 잃게 되면 인생의 후반전을 다 잃는 것입니다. 아내에게 공을 안 들이면 아내를 잃을 수밖에 없습니다. 귀한 것에는 그만큼 공을 들여야 합니다.

다음은 즐겨 묵상하는 말씀 가운데 하나입니다.

"내가 두 가지 일을 주께 구하였사오니 내가 죽기 전에 내게 거절하지 마시옵소서 곧 헛된 것과 거짓말을 내게서 멀리 하옵시며 나를 가난하게도 마옵시고 부하게도 마옵시고 오직 필요한 양식으로 나를 먹이시옵소서 혹 내가 배불러서 하나님을 모른다 여호와가 누구냐 할까 하오며 혹 내가 가난하여 도둑질하고 내 하나님의 이름을 욕되게 할까 두려워함이니이다"(잠 30:7-9).

요즘 이 말이 유독 마음에 와 닿습니다. 우리는 뜻하지 않게 사기를 많이 치며 살아 왔고 사기를 당하고 살아 왔습니다. 어느새 우리에게 정직이라는 단어가 없어진 겁니다. 말을 적당히 가공하고 붙이고 개념을 살짝 바꿔 얘기합니다. 아굴은 "헛된 것과 거짓말을 내게서 멀리 하옵시며"라고 말했습니다. 또한 "나를 가난하게도 마옵시고 부하게도 마옵시고 오직 필요한 양식으로 나를 먹이시옵소서"라고 말했습니다. 그런데 여기까지 가는 게 절대 쉽지가 않습니다. "나를 가난하게 마옵시고"는 잘 되는데 "부하게도 마옵시고"는 잘 안 됩니다. 돈이 있으면 좋기 때문입니다.

"내가 배불러서 하나님을 모른다 여호와가 누구냐 할까 하오며 혹 내가 가난하여 도둑질하고 내 하나님의 이름을 욕되게 할까 두려워함이니이다"라는 말이 마음에 깊이 와 닿습니다.

잃어선 안 되는 것

50대에 직장생활을 계속하든, 자영업을 하든, 직장을 그만두고 놀고 있든 간에 그건 중요하지 않습니다. 무엇보다 건강을 잃지 말아야 합니다. 그래서 하나님께 갈 때까지 남한테 신세 지지 않도록 해야 합니다. 가족들한테 폐 끼치지 않고 건강하게 살기를 바랍니다.

그것보다 더 중요한 것을 한 가지 더 이야기하겠습니다. 아내를 잃지 않아야 합니다. 아내를 잃게 되면 인생의 후반전을 다 잃는 것입니다. 아내에게 공을 안 들이면 아내를 잃을 수밖에 없습니다. 귀한 것에는 그만큼 공을 들여야 합니다. 사랑의 대상에는 사랑의 공을 들여야 합니다. 건강도 공을 들여야 건강합니다. 당신의 아내는 너무 소중한 존재입니다. 아내가 행복하지 않으면 밖에서 아무리 성공해도 행복할 수 없습니다. 첫째는 건강을 잃지 말고, 두 번째는 아내를 잃지 말도록 부탁하고 싶습니다. 인생의 후반전에서 아내를 놓치면 큰일 납니다.

세 번째로 자녀를 잃어선 안 됩니다. 오늘 이 자리에 나오도록 초청한 사람이 아들이 아니라 딸이 압도적으로 많다는 사실을 알게 되었습니다. 아버지를 위해 눈물을 흘려 주는 딸, 아버지를 위해 눈물을 흘려 주는 아들이 있다는 게 얼마나 행복합니까! 그냥 아들한테 져 주고, 딸에게 져 주기 바랍니다.

마지막으로 이런 격려의 말씀을 드리고 싶습니다. 절대 하나님을 잃어선 안 됩니다. 아내나 자녀, 직장은 이 땅의 문제이지만 하나님은 영원의 문제입니다. 인생에는 여러 가지 용기가 필요합니다. 적을 무찌르는 용기, 원수와 싸워 이기는 용기도 필요합니다.

월드컵 때 우리 선수들은 이길 수 없다고 생각한 게임을 이겼습니다. 당시의 경기를 다시 보면서 이길 게임을 이긴 게 아니라 질 게임을 이겼다는 생각이 들어서 얼마나 고마웠는지 모릅니다. 그들은 정신력으로 이겼는데, 이 또한 용기라고 말할 수 있습니다.

가장 훌륭한 용기는 적을 무찌르는 용기라고 하지만, 자기 자신에게 정직할 수 있는 용기가 진정한 용기입니다. 또한 자기 약점을 인정하는 용기도 큰 용기라고 말할 수 있습니다. 자기 실수를 인정하는 것에도 큰 용기가 필요합니다.

그러나 정말 중요한 용기는 하나님을 인정하는 용기입니다. 그것은 용기 있는 사람만이 할 수 있습니다. 우리가 하나님을 믿지 못할 이유가 얼마나 많습니까? 안 믿어지는 이유가 얼마나 많습니까? 그럼에도 자기 양심의 소리, 하나님의 소리를 들으면서 그분을 믿겠다고 하는 것은 용기입니다. 엄청난 용기입니다. 성경에 이런 말씀이 있습니다.

"너희가 내게 부르짖으며 내게 와서 기도하면 내가 너희들의 기도를 들을 것이요 너희가 온 마음으로 나를 구하면 나를 찾을 것이요 나를 만나리라" (렘29:12).

하나님을 만나지 못하는 이유는 거부했기 때문이요, 찾지 않았기 때문입니다. 오늘 여기 모인 사람들과 함께 멋지게 50대를 보냈으면 좋겠습니다. 어린아이처럼 교회에 오면 그렇게 재미있을 수가 없습니다. 나는 당신이 진정한 용기를 가질 수 있게 되기를 바랍니다.

성공 콤플렉스를 극복하라

세상은 아무리 허우직거려 봐아 소망도 없고 긴길 것도 없습니다. 마음을 둘 데도 없습니다. 하나님 한 분밖에는 마음을 둘 데가 없습니다. 그래서 그분을 영접하면서 50 고개를 함께 가자고 말하고 싶습니다.

'남자의 성공'이라는 주제를 갖고 말씀을 나누고자 합니다. 성공은 말 그대로 공을 들여 어떤 업적을 이루는 것입니다. 계획하고 목적한 것을 천신만고 끝에 이루는 것입니다. 오랜 시간을 거쳐 뜻을 성취하는 것을 가리켜 성공이라고 말합니다.

그런데 힘들게 고생해서 얻은 성공도 있지만 우연한 성공도 있습니다. 자고 일어났더니 벼락부자가 된 것처럼, 로또에 당첨되어 인생이 바뀐 것처럼 횡재한 사람을 가끔 볼 수 있습니다. 일반적으로 성공에는 다른 사람을 눌러 이겨야 한다는 경쟁심, 우월감, 승리감이 밑바닥에 깔려 있는 것 같습니다. 성공에는 "내가 너보다 낫다. 나는 너를 이겼다. 나는 최고다. 이 분야에서 나를 따를 만한 상대가 없다"라는 일종의 야만적이고 동물적인 본능 같은 게 숨어 있는 것 같습니다. 그래서 남성은 성공이라는 우상 앞에 노예가 되기 쉽다는 생각이 듭니다. 성공하지 못하면 실패한 것으로 여기며 성공에 대한 집착, 성공에 대한 야망, 성공에 대한 열정으로 인생을 불살라 보지만 남은 것이 별로 없다는 것입니다.

이를 성공 콤플렉스라고 부를 수 있는데, 성공에 대한 집착이나 야망 또는 갈망은 인간성을 파괴하고 자신을 비참하게 만든다는 사실을 뒤늦게 깨닫습니다. 성공을 추구한다고 해서, 성공을 이루었다고 해서 모든 사람이 다 행복한 것은 아닙니다. 엄밀하게 말하면 높은 자리, 자신이 원하는 위치, 원하는 것을 다 얻었다 할지라도 성공의 뒤안길에는 고독이 자리 잡고 있습니다. 힘들게 올라가 성공했고, 사람들의 박수갈채를 받았습니다. 세인의 주목을 받았습니다. 그러나 원하는 것을 가지면 가질수록 우리가 느끼는 감정은 외로움입니다. 성공은 피라미드와 같아서 정상에 올라가면 올라갈수록 경쟁자, 동료, 친구가 하나둘 사라집니다. 게임에서 계속 이기다 보면 친한 친구도 다 사라지고 자기 혼자만 남게 됩니다.

 지배자가 되었습니다. 가장 높은 자리에 올라갔습니다. 정상을 차지했습니다. 그러나 비극은 우리가 진정으로 원했던 것을 갖지 못한다는 데 있습니다. 피라미드의 정상에 서면 불안해집니다. 친구는 어느덧 경쟁자가 되고 공격자로 변해 있습니다. 정상은, 성공은 누리는 자리가 아니라 쫓기는 자리입니다. 영광의 자리가 아니라 고통의 자리라는 것을 뒤늦게 깨닫습니다.

 우리는 성공의 반대를 실패라고 생각합니다. 물론 일을 잘못해 그르치면 그것을 가리켜 실패라고 말합니다. 아마 세상에서 실패하고 싶은 사람은 없을 겁니다. 망하려고 장사하는 사람이 어디 있겠습니까! 계산해 보니 이익이 남으니까 뛰어드는 것 아니겠습니까. 그런데 막상 해 보니 생각처럼 되지 않습니다. 계산이 안 맞은 겁니다. 그 순간 우리는 질망하고 좌질하고 희망을 접이 비립니다. 실망이 깊은 사람은 인생을 포기하고 자살까지 합니다. 죽음이 해결책이 되는 겁니다. "No way." 가족 앞에서, 친구들 앞에서, 이 세상 앞에서 면목이 없어 자살을 선택하기도 합니다.

 우리는 때로는 성공하고 때로는 실패합니다. 성공할 때 우쭐해하고 실패할 때 쥐구멍에 들어가듯 숨어 버립니다. 그러면 과연 무엇이 성공이고 무엇이 실패입니까? 왜 우리는 성공과 실패라는 두 축 사이에서 이처럼 오랜 세월을 자학하고 방황해야 합니까?

진정한 성공, 하나님을 믿는 용기

오늘 이 시간에 진정한 성공, 진정한 실패를 이야기하고 싶습니다. "왜 우리는 성공 앞에 우쭐거리고 실패 앞에 좌절하는가?" 기준이 잘못되었기 때문에 그런 것입니다.

우리가 성공이라고 말하는 것, 실패라고 말하는 그 기준이 잘못되어 있기 때문에 성공해도 외롭고 실패해도 길이 보이지 않았던 것입니다.

> 하고 싶은 일을 힘들게 생각하지 않고 기쁘게 하면서 거기서 의미를 찾고 보람을 느끼고 감동하는 사람이 성공한 인생이라고 말할 수 있습니다.

가장 중요한 것은 우리의 기준이 너무 외형적인 데 있다는 것입니다. 돈을 많이 번다든지, 사회적으로 높은 지위와 명성을 얻는다든지, 가장 탁월한 업적을 남겼다든지 … 농구선수가 되어 자신이 좋아하는 것을 즐기면 되는데 마이클 조던이 되지 못한다는 이유로 괴로워하는 사람이 참 많습니다. 명예, 부, 건강, 영향력 등 외형적인 것으로 자신을 평가하기 때문에 인생이 왜곡되는 겁니다. 잘 살고, 정직하게 살고, 의미 있게 살아가고 있음에도 불구하고 성공이라는 마술 때문에, 실패라는 늪 때문에 패배자가 되기도 하고 자신이 성공한 사람이라는 착각에 빠지는 우를 범하기도 합니다.

진정한 가치 기준은 외적인 데 있지 않고 내적인 데 있습니다. 성공과 실패의 기준이란 "당신에게 인생의 의미와 목적이 있는가?" 하는 겁니다. 아무리 가난하고 병들고 실패하고 가진 것이 없다 할지라도 인생의 의미와 목적을 알고 깨닫고 살아간다면 의미 있는 사람이고, 목적 있는 사람이고, 성공한 사람입니다.

반면에 아무리 많은 것을 성취했다고 할지라도 인생의 의미와 목적을 알지 못한 채 단순히 소유와 성취에 매달린다면 그것은 실패한 삶이라고 말할 수 있습니다.

또 하나 정말 행복한 사람은 자신의 일에 만족하는 사람입니다. 이런 질문을 하고 싶습니다. "어떤 일을 하든지 간에 지금 하고 있는 일을 좋아합니까?" 이것이 중요합니다. "당신의 성공 기준은 외적인 것이 아니고, 내적인 것입니까?"

우리나라 사람들에게는 직업이 몇 개 안 된다고 합니다. 변호사, 의사, 회계사 등 '사' 지기 붙는 몇 개만 직업이라고 합니다. 다른 것은 직업으로 생각하지도 않습니다. 모든 사람을 다 제한시켜 놓은 겁니다. 자기 개성과 은사와 취향에 상관없이 자신이 하고 싶은 것을 하지 못하고 꼭두각시처럼 살고 있습니다. 그리고 그렇게 사는 것을 성공했다고 말하고, 성취했다고 말하는 것을 보게 됩니다.

정말 자기가 하고 싶은 일을 힘들게 생각하지 않고 기쁘게 하면서 거기서 의미를 찾고 보람을 느끼고 감동하는 사람이 성공한 인생이라고 말할 수 있습니다. 그러므로 "돈을 얼마나 벌었느냐?" "당신이 오느냐?"라는 질문이 아니라 "당신이 하고 싶은 일을 하고 있느냐?"라고 물어야 합니다.

또 다른 성공에 대한 얘기를 하겠습니다. 그것은 "나 혼자만의 성공인가, 아니면 공동체의 성공인가?" 하는 것입니다. 대부분의 사람은 자신이 성공하면 성공했다고 말합니다. 그러나 그렇지 않습니다. 가족이 성공해야 합니다. 자신의 성공은 아내의 성공이고, 자녀의 성공입니다. 우리라고 하는 공동체의 성공이어야 합니다. 개인적인 성공은 이기적인 성공으로 결국 파멸을 자초할 뿐 아니라 굉장히 고독하고 외롭습니다.

자신만 행복하다고 해서 행복해지는 게 아닙니다. 사랑하는 사람이 행복하면 우리 또한 행복해집니다. 자신은 잘되고, 자녀가 잘못된다면 행복하지 않습니다. 사랑하는 자녀가 잘될 때 함께 행복해집니다. 비록 자신이 불행하다 할지라도 사랑하는 사람이 행복하면 그게 행복입니다. 행복과 성공은 개인적일 수 없습니다. 그런데 우리는 성공과 행복을 개인적인 것이라고 생각합니다. 술 마시고 취하고, 쾌락을 느끼고, 부를 만끽하고, 자신을 행복하게 만들기 위해 삽니다. 많은 사람을 자기 행복의 수단으로 만드는 겁니다. 그러다가 결국 자신도 불행하게 됩니다. 진짜 행복은 다른 사람을 행복하게 만들어 주는 겁니다. 고생하는 아내를 행복하게 만들어 주고, 아내가 내 품에서 행복을 느낄 때 진정 행복한 겁니다. 아내가 눈물 흘리고, 소리 지르고, 우울증에 빠져 있다면 절대 행복하지 않습니다.

자녀가 방황한다면 절대 행복하지 않습니다. 행복은 개인적인 것이 아닙니다. 그럼에도 많은 사람은 행복을 개인적인 것이라고 생각하면서 행복을 외적인 것으로 가지려고 합니다. 진짜 행복은 가족과 함께 누려야 합니다. 이웃과 함께 누려야 합니다. 직장을 다니는 사람이라면 동료들과 함께 행복을 누려야 합니다.

가끔 이런 얘기를 합니다. "직장에서 동료들을 착취하고, 직원들을 착취한 돈으로 헌금하고 십일조를 하지 마십시오. 오히려 그들에게 베풀고 사랑을 함께 나누고 누릴 때 하나님이 기뻐하십니다."

한 가지 더 얘기하면 진정한 행복은 인간이 누리는 영광이 아닙니다.

이어령 선생과 사모님, 그 따님과 함께 점심식사를 한 적이 있는데, 당시 이런 이야기를 들었습니다.

"부활이 잘 안 믿어집니다. 부활을 믿게끔 기도해 주십시오."

깜짝 놀라는 내 모습을 보더니 이렇게 이야기했습니다.

"결국 하나님을 믿고 부활을 믿으려면 성령 체험을 해야 한다고 알고 있는데 그게 잘 안 됩니다."

그날 두 가지의 기도 제목을 받았습니다. 하나는 부활을 믿게 기도해 달라는 부탁이었고, 다른 하나는 머리로 다 아는데 가슴으로도 알고 싶다는 것이었습니다.

오늘 이 자리에 참석한 모든 사람이 정말 부활을 알게 된다면 좋겠다는 생각이 듭니다. 성령을 체험했으면 좋겠다는 생각이 듭니다.

헤어질 때 이어령 선생의 따님이 "소원이 하나 있는데, 목사님의 기도를 받고 싶어요"라고 했습니다. 호텔에서 기도하기가 좀 겸연쩍었지만, 함께 기도하자고 했습니다. 그래서 따님하고 이어령 선생, 사모님과 같이 손잡고 기도를 했습니다.

> 우리 인생에 하나님을 만나고 영원을 경험할 수 있다면 이 세상 어떤 보석, 어떤 영광스러운 자리보다 더 위대한 축복일 것입니다.

기도하면서 나도 울고, 그 가족들도 울고 그날 아주 감동적인 시간을 보냈습니다. 이어령 선생은 정말 하나님을 느끼고 있었습니다. 하나님 앞에 나오고 있었습니다. 기도하고 있었습니다. 인생 70에 새로운 경험을 했다고 이야기했습니다.

하나님을 만나는 것보다 더 큰 성공이 있을까요? 우리 인생에 하나님을 만나고 영원을 경험할 수 있다면 이 세상 어떤 보석, 어떤 영광스러운 자리보다 더 위대한 축복일 것입니다. 오늘 이것을 당신과 함께 나누고 싶습니다.

이어령 선생은 헤어지기 전에 이런 말을 했습니다.

"50대에 신경쇠약과 우울증으로 글을 쓰지 못하고, 책을 읽지 못하고, 잠도 제대로 못 잤는데, 그 시련이 하나님을 만날 기회였나 봅니다. 그런데 그때는 하나님을 못 믿고 이제야 그분께 돌아옵니다."

그리고 이 모임 소식을 들었다고 하면서 마지막으로 "70에 가서 예수님을 믿지 말고 지금 믿으세요"라고 전해 달라고 했습니다.

그날 마음이 기뻤습니다. 너무 좋아서 행복한 기분마저 들었습니다. 하나님을 만날 수 있는 때가 우리 인생의 정점이라고 생각합니다. 세상에 태어나 부모를 만나고, 젊었을 때는 여인을 만나 결혼하고, 그다음에 자식을 만납니다. 직장생활을 하면서 선배와 후배를 만나고 친구를 만납니다. 우리 인생에 하나님을 만날 수 있다면 얼마나 큰 축복이겠습니까! 오늘 그런 축복의 밤이 되기를 축원합니다.

성경을 많이 읽었습니까? 설교를 많이 들었습니까? 기독교에 대한 지식이 많습니까? 하나님은 지식으로 만나는 게 아닙니다. "하나님을 믿고 싶다"라는 열망과 갈망이 그 시작입니다. "하나님을 만나고 싶다. 이 나이까지 인생을 혼자 살아 왔지만 내 인생의 후반전은 하나님과 함께 살고 싶다." 이렇게 결정을 내리는 겁니다.

하나님은 좋은 친구를 당신에게 보내 주실 겁니다. 나도 당신의 좋은 친구가 되고 싶습니다. 함께 얘기도 나누고 말씀도 나누고 싶습니다. 우리가 가진 용기 중 가장 위대한 용기는 "하나님을 믿는 용기"라고 말했습니다. 남성의 가장 위대한 성공은 그분을 만나는 것입니다.

오늘 하나님을 만나고 싶지 않습니까? 당신에게 그런 축복이 있기를 바랍니다.

셋째 날

남자의 사랑

친구이자 동역자이자 파트너, 아내

    개그맨 서세원 형제를 공항에서 만난 적이 있습니다. 당시 암 수술을 받고 일본에서 치료하고 있을 때였는데 함께 기도하고 나서 그가 "일본에 계시죠?"라고 물었습니다. 그렇다고 대답했더니 주일마다 일본에 와서 예배를 드리겠다고 말하는 것이었습니다. "매주 오시겠어요?"라고 묻자 "매주 일본에 가겠습니다"라고 대답하는 겁니다. 이 대답을 들으면서도 농담인 줄 알았습니다.

    서세원 형제는 부인을 통해 예수님을 알고 그분의 사랑을 깨닫고 매일 새벽기도에도 나옵니다. 주일에는 아무 일도 안 하고 모든 일을 다 끊었습니다. 그래서 주일에 예배를 드리러 일본까지 올 수 있다고 말한 것입니다.

그 말을 듣고 마음이 뭉클했습니다. 그러면서 마음속으로 '사람이 오래 사귀어서 사랑이 아니구나. 사람이 서로 잘 알아서 사랑이 아니구나. 우리는 직업도 다르고, 살아 온 환경도 다르지만 어떤 새로운 사랑의 세계가 있구나' 라는 생각을 했습니다.

사랑은 감정이 아니라 이성이라는 말에 공감이 갑니다. 우리는 감정으로 사랑하는 게 아니라 진짜 사랑하면 이성으로 사랑합니다. 또 진짜 사랑하면 의지로 사랑합니다. 우리 자신이 사랑하기로 결정한 겁니다. 그 사람이 나한테 잘하든 잘못하든 간에 그건 중요하지 않습니다.

왜 많은 사람이 사랑에 좌절합니까? 그것은 자기 욕망의 성취이기 때문입니다. 사랑한다고 말하지만 우리가 그 사람에게 사랑을 주는 게 아니라 자신의 욕망을 성취하기 위해 사랑한다고 말하는 것입니다. 그래서 우리의 사랑은 목마르고 가장 위대하고 멋있어 보여도 실제로 가 보면 바닥이 나 있는 겁니다. 굉장히 이기적입니다.

결혼 초기에 그런 사랑을 경험한 적이 있습니다. 결혼하기 전 아내를 만나게 되면 냉면을 좋아하다 보니 주로 "냉면 먹으러 가자"고 말했습니다. 사실 아내는 설렁탕이나 냉면을 별로 좋아하지 않는데, 그런 내색을 하지 않고 그냥 따라와서 먹는데 별로 맛있게 먹지를 않았습니다.

아내는 사실 샐러드를 좋아합니다. 그런데 내가 원하는 사랑을 아내한테 강요하면서 사랑한다고 생각한 겁니다. 내 돈을 썼고 시간을 냈다는 겁니다. 그때 아내가 원하는 사랑을 한 게 아니라 내가 원하는 바를 아내한테 강요한 것입니다. "나는 당신한테 그렇게 하는데 왜 나한테 이렇게 하느냐"라는 식이었습니다. 결국 그 사랑의 내면에 깊이 들어가 보면 그 사람을 위한 게 아니었습니다. 나 자신을 위한 거였습니다. 정말 사랑한 게 아니었습니다.

자녀를 사랑하지 않는 사람은 없을 겁니다. 그런데 왜 자녀들은 삐뚤게 나가는 걸까요? 아이들은 그 사랑이 가짜인 걸 알고 있습니다. 진짜 조건 없는 사랑, 공부를 잘하든 못하든, 실수를 하든 안 하든 간에 정말 자녀를 사랑한다면 아이들도 그걸 느낄 것입니다

그런데 부모에게 자녀는 화풀이 대상이고, 부모의 자존심이고, 부모의 사치입니다. 부모 자신을 위해 공부를 잘하라는 겁니다. 아이들이 이런 양면성, 두 얼굴을 느끼기 때문에 사랑은 아이들의 상처를 치유해 주지 못하는 겁니다. 그런 사랑은 아이들을 회복시켜 주지 못합니다. 오히려 분노를 쌓게 하고 부모한테서 위선을 느끼게 됩니다. 부모가 자녀들을 절대 사랑하지 않는 게 아닙니다. 자기 목숨까지 내어 줄 만큼 자녀를 사랑하는 것만은 사실입니다. 그런데 아이들이 그렇게 느끼지 못하는 게 문제입니다.

오늘 '남자의 사랑'에 대해 얘기하게 되어 부끄럽기도 하고 좋기도 하고 그렇습니다. 앞에서 '남자의 용기'에 대해 이야기했습니다. 세상을 살아가는 동안 참 많은 용기가 필요한데 "하나님 믿는 용기만큼 위대한 용기는 없다"는 생각이 듭니다. 용기를 가진 사람만이 하나님을 믿습니다. 비겁한 사람은 하나님을 믿기 어렵습니다. 하나님을 믿는 것이 남자의 진정한 용기입니다.

세상에는 많은 성공이 있지만, 하나님을 만나는 것만큼 위대한 성공은 없습니다. 우리 인생에서 그것보다 더 클라이맥스, 정점이 어디 있겠습니까!

세상에는 많은 성공이 있지만, 하나님을 만나는 것만큼 위대한 성공은 없습니다. 우리 인생에서 그것보다 더 클라이맥스, 정점이 어디 있겠습니까! 그런 의미에서 당신이 성공하기를 바라고, 그런 의미에서 용기를 갖게 되길 바랍니다.

가족의 기초, 믿음 소망 사랑

'남자의 사랑'에 대해 이야기하기 위해 당신 곁에서 항상 힘이 되어 주고 격려가 되고 기도하기를 멈추지 않는 사랑하는 아내를 초청해서 오늘 이 자리를 함께하게 되었습니다. 이 시간을 통해 아내의 위치를 새롭게 발견하게 되기를 바랍니다.

요즘 '남자들이 아내의 사랑을 정말 아는 걸까?' 라는 생각을 하게 됩니다. 먼저 당신이 직장생활로 정신없이 뛰어다니고 생계를 책임지기 위해 돈을 버는 동안 아내들은 시집살이를 하느라 남편 몰래 얼마나 많은 눈물을 흘리고, 아이들을 키우느라 얼마나 많은 고생을 하는지 모릅니다.

아내가 병들어 있다는 사실을 압니까? 아내가 우울증에 빠져 있고 지금 갱년기로 마음고생을 하면서 얼굴에 주름살이 패인 것을 알고 있습니까? 그걸 알아주는 남편이 되기를 바랍니다.

어느덧 건강이 나빠지고 아름다웠던 얼굴에 주름살이 하나둘 늘어가고 때로는 시집살이로 말 못할 마음의 상처를 입은 채 빠듯하게 살아가는 사랑스런 아내가 당신 옆에 있습니다. 아내에게 박수를 쳐 주지 않겠습니까? 그냥 말로만 하지 말고 손을 잡아 주거나 등을 다독거려 주었으면 합니다. 그리고 작은 소리일망정 "고맙소"라고 해주면 아내에게 큰 보상이 될 겁니다. 아내를 위해 다시 한 번 박수를 쳐 주었으면 좋겠습니다.

가정이 행복해야 진짜 행복한 겁니다. 직장생활이 아무리 좋고, 세상적으로 아무리 성공했다 할지라도 결국 우리가 돌아갈 곳은 가정입니다. 그리고 그런 당신을 맞이하는 사람은 아내입니다. 아내는 당신의 친구이자 동역자이자 파트너입니다. 술집에 가기보다 집으로 돌아가는 것이 기뻐야 합니다. 집에 가고 싶은 마음, 아내한테 뛰어

가고 싶은 마음이 있어야 합니다. 그런 사람은 직장에서 퇴출을 당했거나, 암에 걸렸거나, 위기에 처했어도 결코 외롭지 않습니다. 당신이 건강하거나, 잘나가거나, 힘이 있을 때 아내를 배척하고 외롭게 했다면, 당신이 병들었거나 퇴출당했거나 위기에 처했을 때 갈 데가 없습니다.

자녀도 마찬가지입니다. "바쁜 아버지는 나쁜 아버지다"라는 말을 합니다. 아무리 돈으로 보상한다 해도 아이들의 마음을 살 수 없습니다. 아이들과 대화를 나눠 본 적이 언제입니까? 아침에 일찍 출근하고 저녁 늦게 퇴근하고 자녀 문제를 부인한테만 맡긴다면 아이들이 당신에게 마음을 열어 주겠습니까? 아이들은 이미 상처를 받고 자랐습니다.

그렇다 보니 아이들과 대화하기 어려운 때가 바로 50대입니다. 대화가 안 됩니다. 아이들은 아버지한테 반항하고 화를 내고 대듭니다. 대화를 시도해 보려고 해도 쉽지가 않습니다.

심은 대로 거둡니다. 내가 심었기 때문에 그대로 거둔 것뿐입니다. 집에 가도 아내가 재미없고, 집에 가도 자식이 재미없으면 집에 들어가기가 싫습니다. 그래서 술집을 찾게 되고 친구들을 만나러 가는 겁니다. 친구 만나는 것보다 아내 만나는 게 좋아야 하고, 술집 가는 것보다 집에 가는 게 좋아야 합니다. 그런 사람은 인생의 말년이 외롭지 않습니다. 행복하게 살 수 있습니다.

직장은 절대 자기 집이 될 수 없습니다. 직장은 언젠가 떠나야 할 곳이고, 언젠가 그만두어야 할 곳이지 평생 동안 살 곳이 아닙니다. 우리가 평생 살아야 할 곳은 내 집이고, 가정이고, 아내이고, 사랑하는 자녀입니다. 그런 의미에서 50대 남성의 위치를 다시 한 번 점검해 보는 시간이 되길 바랍니다.

다음은 내가 가장 좋아하는 성경구절 중 하나인데, 결혼식 주례 때마다 이 구절을 읽습니다.

"믿음 소망 사랑 이 세 가지는 항상 있을 것인데 그 중에 제일은 사랑이라"(고전 13:3).

우리 모두 큰 소리로 따라 읽어 봅시다.
당신의 가정을 지킬 수 있는 세 가지 비밀이 있습니다. 당신의 가정을 흔들리는 이 세상에서 흔들리지 않게 하는 세 가지 기초가 있는데, 그 첫 번째가 믿음입니다.

부부는 두 사람이 만나 살면서 아기를 낳는 관계가 아닙니다. 서로 신뢰하는 관계입니다. 남편이 하는 말을 아내가 믿어 줄 수 없고, 아내가 하는 말을 남편이 믿어 줄 수 없다면 그건 부부가 아닙니다. 그냥 동거하는 것입니다. 부부는 서로 인격적으로 신뢰하는 관계여야 합니다. 처음 만났을 때는 잘 몰랐지만 나이가 들고 세월이 가고 아기를 낳고 이 세상의 험한 일을 겪으면서 부부 간에 신뢰가 쌓여야합 니다. 그런데 어떤 사람들은 살면 살수록 신뢰가 깨지는 경우가 있습 니다. 믿음보다 더 위대한 가치는 없습니다. 부부가 정말 행복하려면 믿음을 회복해야 합니다.

남편의 말을 믿어 주는 아내가 되기를 바랍니다. 남편이 무슨 말을 해도 그것을 다 신뢰하는 게 아내여야 한다는 사실을 깨닫게 되기를 바랍니다. 가정이 깨지면 부부가 상처받을 뿐 아니라 그들의 부모가 상처를 받고 그들의 자녀가 상처를 받습니다. 이 세상을 지옥으로 만 드는 지름길은 가정을 깨뜨리는 것입니다. 가정을 지키는 유일한 비 결은 바로 믿음입니다. 그러므로 부부는 믿음을 쌓아 가야 합니다. 신뢰를 회복해야 합니다.

가정을 지키는 두 번째 요소는 꿈입니다. 짐승에게는 꿈이 없지만 인간에게는 꿈이 있습니다. 사람은 밥을 먹으며 사는 게 아니라 꿈을 먹고 삽니다. 꿈이 있는 사람에게는 미래가 있지만, 꿈이 없는 사람 에게는 과거만 있고 미래가 없습니다. 부부는 함께 꿈을 꾸어야 합니 다. 밤이 새도록 텔레비전을 보는 부부가 아니라 꿈을 꾸는 부부가 되어야 합니다. 미래를 얘기하고 비전을 얘기하고 꿈을 꾸는 겁니다. 이런 사람들은 절대 외롭지 않습니다.

땅의 꿈이 아니라 하늘의 꿈, 순간적인 꿈이 아니라 영원한 꿈을

꿀 때 그 부부에게는 생기가 돕니다. 자녀가 없을지라도, 집 한 칸을 마련하지 못했을지라도, 병이 들었을지라도, 사랑스러운 아내가 화재로 얼굴이 상했다고 할지라도 결코 흔들리지 않습니다.

세 번째로 중요한 요소가 사랑입니다. 믿음 소망 사랑이라고 말들 하는데 사랑이 이 가정의 기초를 이루는 핵심입니다. 사랑은 율법의 완성입니다. 사랑에는 특이한 게 있는데, 상대방의 허물을 보지 않는다는 겁니다. 인간에게 허물이 없어서 하나님께서 우리를 사랑한 게 아닙니다. 하나님이 우리를 사랑하시기 때문에 허물이 용서되는 것입니다. 우리는 허물이 많은 존재입니다. 남편에게 얼마나 많은 허물이 있습니까. 과거를 따지고 얘기한다면 지적할 게 얼마나 많습니까. 아내에게 용서받지 못할 이유가 얼마나 많습니까.

그런데 사랑 때문에 그런 게 다 감춰지는 것입니다. "사랑은 모든 허물을 가리느니라"(잠 10:12)는 성경구절이 있습니다. 사랑이 없다면 우리의 가정은 못 위를 걸어가는 것과 같습니다. 걸을 때마다 자기를 찌르는 겁니다. 찌르지 않는 사건이 하나도 없을 겁니다. 그러나 사랑이 있다면 많은 허물과 실수, 부족함, 게다가 칼날 같은 우리 모습이 전부 다듬어져 하나가 됩니다.

우리 시대의 특징은 감동은 없고 비판만 있다는 겁니다. 사랑이 없기 때문입니다. 정말 행복한 가정에는 부부가 서로를 인격적으로 신뢰하고, 한 가지 꿈을 꾸고, 서로 사랑합니다.

그런데 진짜 사랑은 가짜 사랑에 절망할 때 나타납니다. 태양을 본 사람은 촛불에 만족하지 않습니다. 우리 인간의 사랑은 촛불과 같아서 불면 꺼집니다. 촛불 사랑으로는 서로를 실망시킬 뿐입니다. 진짜 사랑은 태양과 같은 사랑입니다. 태양은 바람이 불어도 안 꺼지고 막아도 사라지지 않습니다. 아무리 태양을 가리고 싶어도 가릴 수가 없습니다. 그런데 촛불은 우리가 가리면 가려지고 불면 꺼집니다. 이것이 인간의 사랑입니다. 그래서 인간의 사랑은 기적을 만들어 내지 못합니다.

기적을 만드는 사랑

진짜 기적을 만드는 사랑, 진짜 죄인을 회개하도록 만드는 사랑, 진짜 죽었던 사람을 살리는 사랑은 우리 안에 있는 사랑이 아닙니다. 하나님의 사랑은 태양과 같은 사랑이고, 우리가 가진 사랑은 촛불과 같은 사랑입니다. 오늘 사랑의 개념을 바꿀 수 있게 되기를 바랍니다. 사랑의 새로운 차원에 입문할 수 있게 되기를 바랍니다. 그것은 바로 하나님의 사랑입니다.

하나님의 사랑으로 우리가 사랑할 때 사람들이 변하기 시작하고,

부부관계가 새로워지기 시작하고, 자녀들이 변하기 시작합니다. 무엇보다 우리 자신부터 변해야 합니다. 진짜 사랑의 특징은 나 자신이 먼저 변하는 겁니다.

촛불이 자기를 녹여 불을 밝히듯 진짜 하나님의 사랑을 느낄 때 우리의 상처는 치유됩니다. 대부분 문제는 거절에서 비롯됩니다. 인정받지 못한다는 거절감에서부터 문제가 발생하고 상처가 생겨 납니다. 그런데 하나님 사랑의 특징은 조건이 없다는 것입니다. 우리의 사랑에는 조건이 많지만 하나님 사랑의 특징은 조건이 없습니다. 우리 사랑의 특징은 'take and give' 입니다. 받는 것만큼 주겠다는 겁니다.

부부싸움을 할 때 보면 "네가 먼저 미안하다고 말하면 나도 그렇게 하겠어"라고 말합니다. 자신이 안 하겠다는 건 아니고 상대방이 먼저 하면 자신이 하겠다는 겁니다. 이것이 우리 인간의 영혼입니다. 그런데 하나님의 사랑은 정반대로, 무조건적입니다. 절대 'take and give' 가 아닙니다. 우리가 사랑받을 조건이 없을지라도, 하나님께 아무것도 한 것이 없을지라도 조건 없이 베풀어 주시는 것이 하나님의 사랑입니다.

하나님 사랑의 또 다른 특징은 기다림인데, 우리 사랑의 특징은 조급함입니다. 그 시간에 용서를 받아 내야 되고 그 시간에 끝내지 않으면 이혼입니다. 그래서 사랑이 깨지는 겁니다.

하나님 사랑의 특징이 뭔지 압니까? 기다리는 겁니다. 하나님 사랑의 특징은 조건이 없다는 것입니다. 하나님 사랑의 특징은 일방적인데, 일방적이라는 말을 가리켜 희생이라고 합니다. 그 사람이 나한테 한 것이 없는데 내가 일방적으로 하는 겁니다. 그냥 주는 겁니다. 이게 하나님의 사랑입니다.

> 하나님 사랑의 마음으로 사랑을 시작한다면 우리 자신이 변하고, 우리의 파트너가 변하는 기적이 일어날 줄로 믿습니다.

오늘 사랑이라는 개념에 혁명이 일어나기를 바랍니다. 우리의 사랑으로는 그것이 부족합니다. 사랑하면 할수록 상대방에게 화가 납니다. 기만당했다는 느낌을 받게 됩니다. 우리가 완전한 인간이 아니기 때문입니다.

그러나 하나님의 사랑이라는 개념으로 바뀌기 시작하면 우리한테 방어적이고 반항적이고 단단하게 무장했던 사람들이 무장을 풀기 시작하고 마음의 문을 열기 시작합니다. 남성의 위대한 능력은 바로 이런 하나님의 사랑을 경험하는 것입니다.

나는 모든 가정에 사랑의 혁명이 일어나기를 바랍니다. 자녀관계에 기적이 일어나기를 바랍니다. 그러나 당신이 지금까지 해 왔던 촛불 사랑으로는 불가능합니다. 이제 사랑의 개념을 바꿔야 합니다. 하나님이 우리를 사랑했던 그런 방법으로 부부관계를 새롭게 만들어

가야 합니다. 자녀관계를 새롭게 만들어 가야 합니다. 그러기 위해서는 우선 기다려야 합니다. 당신이 만족하지 못한다 할지라도 사랑은 기다림이기에 일방적인 것입니다.

요즘은 사랑이 편견이라는 생각이 듭니다. 편애라는 말입니다. 어떤 사람이 있는데 그 사람한테만 특별히 잘하는 겁니다. 그게 사랑입니다. 하나님은 우리를 편애하셨습니다. 하나님이 편견을 갖고 편애하지 않으신다면 우리는 구원받을 수 없습니다. 공정하게 사랑하신다면 우리는 사랑에서 제외되고 말 것입니다.

우리는 아내를 조건 없이 편애합시다. 조건 없이 자녀를 사랑합시다. 'take and give'를 하지 맙시다. 그리고 기다립시다. 그러면 하나님이 느껴지기 시작합니다. 하나님을 믿으려고 하면 굉장히 힘듭니다. 그런데 이런 상황을 경험하면 하나님이 느껴지기 시작합니다. 하나님이 우리 안에 들어와 계신 것을 깨닫게 됩니다.

마지막으로 제2의 웨딩을 하는 순서를 잠깐 가질까 합니다. 그냥 옛날처럼 사랑한다면 아내들은 또다시 상처받게 될 것입니다. 옛날처럼 사랑한다면 남편들은 또다시 배신감을 느낄 것입니다. 그러나 오늘 하나님 사랑의 마음으로 사랑을 시작한다면 우리 자신이 변하고, 우리의 파트너가 변하는 기적이 일어날 줄로 믿습니다.

50대 인생은 '브라보' 입니다. 이제부터 새롭게 시작해야 합니다. 50대라면 결혼해서 25~30년은 족히 살았을 겁니다. 지금 자녀들이 대학에 다니거나, 대학을 졸업하거나, 결혼했을 수도 있습니다. 이제 당신의 인생에 새로운 브라보가 시작되기를 바라고, 새로운 사랑이 시작되기를 바랍니다. 새로운 꿈과 비전이 당신 가정에 생겨나기를 축원합니다.

앵콜~

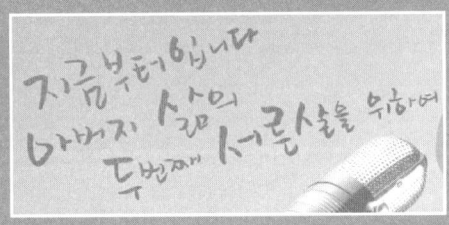

지금부터입니다
아버지 삶의
두번째 서른살을 위하여

지금까지 혼자했다면 앞으로는 하나님과 함께할 때 당신에겐 귀한 기회와
하나님의 도우심이 함께할 것이다. 다시 한 번 당신의 인생에 멋진 도전을 하라.
하나님과 함께! 두번째 30대를 위하여!

06
당신의 앙코르를 듣고 싶습니다

60대 남성을 위한 전도집회

● 60대 남성을 표현하는 단어 ●

노후문제, 물가고, 세금, 등산, 불안, 집, 접힌 세대, 고독, 자식들과의 불화

● 60대 남성의 특징 ●

60대는 평생 내 집을 마련하기 위해 살아 온 고단한 세대이며, 노후에 대한 아무런 대책 없이 자식들에게만 희생해 온 세대다. 이들은 자식들의 눈치를 보면서 적은 돈으로 15년 이상을 고단하게 살아가야 하는 동시에 죽음에 대한 두려움도 갖고 있다. 이들에게 필요한 것은 참된 평안이다.

● 60대 남성의 필요 ●

① 사회적 필요

사회적으로 보면 접힌 세대여서 왕성하게 사회활동을 하지 못한다. 하지만 80퍼센트 이상의 노인들이 재취업을 희망한다. 비록 주류에서는 밀려났지만 마음 한구석에는 아직도 사회 무대에서 활기차게 활약하고 싶다는 욕구가 강하게 남아 있다.

② 심리적 필요

여기저기서 큰 관심을 받지 못하면서 아픈 곳만 많아지는 서글픈 나이이기 때문에 인생에 대한 깊은 공허감과 우울감이 있다. 그래서 마음을 다스리고 몸을 다스리기 위해 등산을 선호한다. 이들은 자신의 인생이 가치 있다는 사실을 확인받고 싶어 한다.

③ 가정적 필요

전통적 사회에서는 가족들이 노인 부양의 의무를 감당했지만, 핵가족화가 진행되면서 젊은이와 노인의 의식 변화가 함께 일어나 자기 사랑이 강한 젊은 세대인 팬츠(PANTS)족과 은퇴한 후에도 자녀와 함께 살지 않고 따로 살기를 원하는 딩크(DINK)족이나 통크(TONK, Two Only No Kid)족이 늘어나고 있는 추세다. 하지만 이는 노인 빈곤과 노후 고독의 문제를 가중시키고 있다. 이들은 자녀들이 자신의 수고에 대한 물질적·정신적 보상을 해 주길 바란다.

④ 경제적 필요

경제력이 떨어지고, 저축 혹은 연금에 의지하는 생활을 해야 하는 시기다. 게다가 자녀들로부터 재정적 도움을 받는 분위기도 예전 같지 않고, 그러면서도 자녀들에 대한 재정 지원의 부담이 남아 있는 시기이기도 하다. 따라서 남은 재정을 잘 관리하는 지혜가 필요한데, 이들은 기회만 있으면 직업을 갖기 원한다.

⑤ 영적 필요

자신이 걸어온 길을 다시 한 번 되돌아보고, 죽음에 대해 본격적으로 생각하기 시작하는 나이다. 그래서 고단한 몸을 누일 영원한 안식에 대한 관심이 있다.

첫째 날

아버지의 얼굴

또 하나의 시작, 앙코르

이 집회의 타이틀은 두 가지입니다. "아버지, 당신의 두 번째 서른 살이 시작됩니다" "아버지, 당신의 앙코르를 듣고 싶습니다"라는 것입니다.

노년기라고 말할 때 '노년'은 60세나 65세 이후부터 시작된다고 볼 수 있는데, 60대 중에서도 초반과 후반은 엄청난 차이가 납니다. 어떤 사람은 60세를 일컬어 "두 번째 맞는 삼십"이라고 표현하는데, 이는 아직 노인이라고 부르기엔 생각이 너무 젊고 무엇인가를 새로 시작하기에 아직 늦지 않은 나이라는 생각 때문인 것 같습니다.

실제로 온누리교회 출석 교인 중 최고령은 103세 되는 분인데, 여전히 건강하게 교회에 출석하고 있습니다. 장로님 중에도 74세의 나이로 중국 톈진에 선교사로 가서 젊은이처럼 일하면서 열정을 불태우는 사람도 있습니다. 또한 전역하고 나서 일본으로 건너가 사역하는 장로님도 있습니다. 비록 직장에서는 은퇴하고 사회에서는 노년층으로 분류되지만, 백발의 신사라고 하기엔 아직 가슴이 뜨겁고 생각도 젊고 할 일이 남았다고 생각하는 사람이 많습니다. 그래서 60대 남성을 향해 "두 번째 서른 살이 시작됩니다"라는 타이틀을 붙인 것입니다.

또 다른 타이틀은 "아버지, 이제 앙코르가 시작됩니다"입니다. 사실 우리나라의 60대는 아주 험한 세월을 겪은 세대입니다. 이들의 노력과 땀, 피와 헌신이 없었다면 오늘날의 한국은 없었을 것입니다. 우리나라가 경세적으로 선진국의 대열에 진입할 수 있었던 것도 60대가 3, 40대에 고생한 대가가 아닐까 싶습니다. 이들은 일제시대와 6·25전쟁을 겪었고, 보릿고개를 거치면서 자녀들을 키웠습니다. 모든 것이 부족하고 궁핍한 시대를 지나온 것입니다.

어떤 통계 자료를 보니 미국 국민 중 5분 1이 노인공포증을 가졌다고 합니다. 인생의 막이 내리면 무대에서 사라져야 한다는 불안이 공포증으로 나타나는 것입니다. 연극이 끝나면 막을 내려야 하듯, 60세를 넘으면서 인생의 막이 내려질 거라고 생각하는 것은 당연한 일입니다.

　여기서 잠깐 음악회를 생각해 봅시다. 음악회가 끝난 뒤, 청중은 좋은 연주에 보답하기 위해 박수를 보냅니다. 때로는 기립박수도 보냅니다. 그러면 연주자는 박수에 대한 예우를 갖추기 위해 인사하러 나옵니다. 그때 사람들은 "앙코르, 앙코르"라고 외칩니다. 연주자는 보통 인사만 하고 들어갔다가, 청중이 계속해서 앙코르를 외치면 못 이기는 척 다시 나와 인사를 합니다. 그렇게 몇 번 인사를 한 뒤에 연주자는 회심의 미소를 지으며 앙코르 곡을 연주합니다. 사실 앙코르 곡이 이미 준비되어 있다는 사실을 알면서도 청중은 그 연주를 들으며 만족해합니다. 그래서 두세 번의 앙코르 곡을 듣게 됩니다.

　그러면 보통 앙코르 곡으로 어떤 곡을 연주합니까? 본 연주가 소나타나 교향악처럼 무겁고 지루한 곡이었다면, 앙코르 곡은 무척 가볍고 신나며 우리 귀에 익숙한 곡일 때가 많습니다. 그래서 앙코르 곡이 연주되면 청중은 본 연주 때보다 마음을 활짝 열고 손뼉을 치고 환호하면서 함께 즐깁니다.

　그렇습니다. 어떤 의미에서 보면 60대는 '본 연주'를 다 끝낸 사람들입니다. 그런데 무대의 막이 내려지고 있을 때 자녀들이 박수를 치며 발을 구릅니다. "아버지, 당신의 인생은 아직 끝나지 않았습니다. 인생의 무대 커튼을 내리기에 당신은 너무 젊습니다. 다시 한 번 아버지께 앙코르 곡을 신청합니다." 이것이 대부분의 자녀가 가진 마음이 아닐까요?

이제 당신의 앙코르 무대를 기대합니다. 그리고 멋진 앙코르 무대를 시작할 당신에게 뜨거운 박수를 보냅니다.

궤도 수정의 마지막 기회

여기서 한 가지 짚고 넘어갈 것이 있습니다. 60대에 시작하는 앙코르 무대와 30대의 무대는 확실히 다르다는 사실입니다. 30대를 젊음과 열정, 능력과 재주로 살아 왔다면 다시 시작하는 30대, 즉 제2의 무대는 하나님과 함께 시작하는 앙코르 인생이어야 한다는 것입니다. 이미 당신은 자신의 분야에서 많은 것을 성취하고 성공을 거둔 경험을 가졌습니다. 가정이나 사회에서는 할아버지, 웃어른으로 대접받고 있을 것입니다.

> 좀 늦게 가는 것은 큰 문제가 되지 않습니다. 중요한 것은 올바른 방향으로 가야 한다는 점입니다.

지난 3, 40년을 한마디로 표현하라면 뭐라고 하겠습니까? 과연 알차게 살았다, 화려하게 살았다고 자신 있게 말할 수 있습니까? 아니면 모든 것이 허무할 뿐입니까? 당신에게 남은 것은 무엇입니까? 어떤 의미에서는 불안하고 외로운 시간만 남아 있을지도 모릅니다. 아들과 딸이 시집

가고 장가가서 손자와 손녀를 낳는 동안 자신의 몸은 점점 쇠약해져 이제 남은 것은 역사의 무대에서 사라질 일만 남은 것처럼 생각되지 않습니까?

아마 당신은 지금껏 부부관계의 위기, 배고픔, 질병, 부도 등 여러 가지 일을 겪었을 것입니다. 따라서 하나님을 믿는 사람이라면 "여기까지 오게 된 것은 하나님의 축복입니다"라고 말할 것이고, 하나님을 아직 믿지 않는 사람은 "운이 참 좋았어"라고 말할 겁니다.

여기서 "나 혼자 힘으로 살아 왔고, 나는 절대 외롭지 않고 불안하지도 않아. 나는 죽음도 두렵지 않아"라고 자신 있게 말할 수 있는 사람이 과연 몇 명이나 될까요? 30대라면 아직 인생의 쓴맛과 단맛을 모르는 젊음의 패기로 하는 말이라고 할 수 있겠지만, 60대는 인생을 포기할 수도 없고 인생을 마치 30대처럼 활기차게 살 수 있다고 호언장담할 수도 없을 겁니다.

당신에게 아직 길이 있다는 걸 알려 주고 싶습니다. 당신의 인생은 다시 시작되어야 합니다. 아직 건강하고, 희망도 있고, 기회도 있습니다. 하지만 지난 30년의 삶을 혼자 힘으로 살아 왔다고 생각한다면, 60이 지난 지금부터는 하나님과 함께 살아가야 합니다. 하나님과 함께 새 삶을 살아야 합니다. 그러면 지금까지 경험하거나 생각지 못했던 놀랍고 새로운 삶을 체험할 수 있을 겁니다.

지난 2년 동안 여러 차례 간암 수술을 했는데, 그 과정에서 몇 가지

깨달은 것이 있습니다. 첫째, "인생에서 중요한 것은 속도가 아니라 방향이다"라는 사실입니다. 빨리 가는 것이 아니라 올바르게 가는 것이 중요하다는 말입니다. 오히려 너무 빨리 가는 것은 위험할 수도 있습니다. 당신은 지금 인생의 후반전을 뛰고 있습니다. 그 인생의 방향은 어디를 향하고 있습니까? 올바른 방향과 알맞은 속도로 가고 있다고 자신할 수 있습니까? 이대로 계속 가도 괜찮겠습니까?

인공위성을 쏘고 나서 궤도 수정을 할 때가 있습니다. 너무 먼 거리여서 아무리 정확하게 계산해서 발사해도 오차가 발생하기 때문입니다. 우리 인생에도 오차가 발생하기도 합니다. 인생의 방향에 문제가 생겼다면, 인생의 궤도를 수정해야 합니다. 좀 늦게 가는 것은 큰 문제가 되지 않습니다. 중요한 것은 올바른 방향으로 가야 한다는 점입니다.

둘째는 "인생은 성취가 아니라 보람이 중요하다"는 것입니다. 얼마나 큰 사업을 했느냐, 얼마나 명예로운 자리에 있었느냐 하는 것보다 더 중요한 게 있습니다. 그것은 바로 의미이자 보람입니다. 과연 그 일이 의미가 있는가, 보람이 있는가를 생각해야 한다는 겁니다.

셋째는 "감동"의 문제입니다. 쾌락이 아니라 감동이 중요합니다. 사람들은 보통 일을 할 때 쾌락을 추구합니다. 예를 들어 식도락가들은 어디, 무슨 음식이 좋다는 말을 들으면 두세 시간 차를 타고 가서라도 그걸 먹어야 직성이 풀립니다. 밥 먹는 재미가 없으면 무슨 재미로 세상을 살겠느냐고 반문하면서 말입니다. 이처럼 사람들은 옷 입는 재미, 밥 먹는 재미 등 순간의 쾌락을 추구합니다. 하지만 이런 쾌락은 아주 순식간에 지나가 버립니다. 당신의 삶을 돌아보면서 '내 삶에 정말 감동이 있는가? 내 삶을 되돌아볼 때 눈물 나는 감동이 있는가'를 생각해야 합니다. 눈물 날 정도의 간증거리가 있어야 합니다. 자녀들에게 해 줄 말이 있어야 합니다. 그것이 없다면 참 외로운 인생입니다. 아무리 인생에서 성공했고, 세상의 박수갈채를 받았다 해도 눈물 흘리며 말할 수 있는 인생의 감동이 없다면 너무 삭막합니다.

> 인생에서는 소유가 아닌 나눔이 중요합니다. 얼마나 많이 가졌느냐가 아니라 사는 동안 얼마나 많은 것을 나눌 수 있었느냐가 중요하다는 말입니다.

이런 의미에서 볼 때 인생에서는 소유가 아닌 나눔이 중요합니다. 얼마나 많이 가졌느냐가 아니라 사는 동안 얼마나 많은 것을 나눌 수 있었느냐가 중요하다는 말입니다. 나중에 자신의 소유를 가족에게 나누어 줄 텐데 당신이 성취한 것을 자녀와 손자 손녀에게 유산으로 남겨 주는 것도 나눔이라고 말할 수 있겠습니다만, 그건 피붙이기에 당연한 것입니다.

이제는 나와 상관없는 사람들, 내 소유와 사랑이 필요한 사람에게 인생을 얼마나 나누어 주었느냐를 생각해 보면 어떨까요? 그런 의미에서 나는 삶이란 과거가 아닌 미래라고 생각합니다.

네 가지 축복

성경을 통해 우리가 귀담아 들어야 할 축복의 말씀, 네 가지를 소개하려고 합니다. 첫째, "여호와는 네게 복을 주시고"(민 6:24)라는 말씀입니다. 하나님은 당신에게 복을 주시길 원합니다. 진짜 "복"을 주시길 원합니다.

지금까지 당신이 만든 복은 영원한 복이 아닙니다. 사람이 만든 행복은 영원하지 않고 스쳐 지나갈 뿐입니다. 진짜 행복은 하나님이 주시는 겁니다. 그것은 천국까지 갑니다. 우리가 만든 복은 지상에서 효력이 있지만 죽으면 그것으로 끝납니다. 우리가 만들었던 집이나 회사, 우리가 목숨 걸고 연구했던 많은 업적은 살아 있는 동안만 힘을 발휘합니다. 진정한 행복은 건강이나 장수, 물질이나 명예가 아닙니다. 이것은 다 지나갑니다. 진짜 축복은 하나님이 주시고, 진정한 행복은 바로 하나님을 만나는 것입니다. 그래서 이스라엘의 제사장들이 백성을 향해 "하나님이 네게 복 주시기를 원하노라"고 말했던 것입니다.

둘째, "너를 지키시기를 원하며"(민 6:24)라는 말씀입니다. 복을 생각해 볼 때, 중요한 것은 받는 것보다 지키는 것입니다. 아무리 많은 복을 받았다 해도 그것을 지키지 못한다면 다 없어지고 맙니다. 예를 들어 이 컵에 있는 물을 축복이라고 생각할 때 컵의 물이 쏟아지면 아무 쓸모없지 않습니까? 나는 하나님이 당신에게 복을 주실 뿐 아니라 삶의 마지막 순간까지 당신과 당신의 자녀들, 이 사회와 세상 끝까지 이 복을 지켜 주시길 바랍니다. 당신의 인생과 가정, 민족을 지켜 주시길 원합니다. 하지만 이 모든 것이 우리의 노력으로 가능하다면 얼마나 좋겠습니까? 우리 인생에는 노력해서 안 되는 일이 너무 많습니다. 그래서 우리에겐 하나님이 필요합니다.

셋째, "여호와는 그의 얼굴을 네게 비추사 은혜 베푸시기를 원하며"(민 6:25)라는 말씀입니다. 이 구절을 보면 얼굴이란 단어가 나옵니다. 우리는 매일 거울을 통해 자신의 얼굴을 봅니다. 자식들을 자세히 바라보면 그 얼굴에서 당신의 얼굴을 볼 수 있습니다. 손자, 손녀의 얼굴에도 당신의 얼굴, 당신의 DNA가 들어 있습니다. 거기에는 당신뿐 아니라 당신 아버지의 얼굴도 들어 있습니다. 그래서 아무 조건 없이 좋아할 수 있는 겁니다.

놀라운 사실 하나를 말씀드리겠습니다. 하나님도 얼굴이 있으십니다. 얼굴은 인격을 의미합니다. 하나님은 그 얼굴을 당신에게 보여 주겠다고 하셨습니다. 흥미로운 사실은 하나님이 우리를 만드셨기 때문에 우리 안에 하나님의 형상이 있다는 겁니다. 그래서 하나님은 우리를 죽고 못살 정도로 좋아하시는 겁니다. 잘못한 것이 많아도 좋아하실 수 있는 것입니다. 마치 자녀들이 당신의 기대에 미치지 못한다 해도 버리지 않고 끝까지 사랑하는 것과 같습니다. 하나님은 당신을 포기하지 않으십니다. 하나님의 유전인자가 우리 안에 있으므로 결코 버리지 않으십니다. 그래서 성경은 하나님이 그 얼굴을 우리에게 보여 주시고, 은혜를 베풀어 주신다고 말합니다.

넷째, "여호와는 그 얼굴을 네게로 향하여 드사 평강 주시기를 원하노라"(민 6:26)는 말씀입니다. 나는 인생에서 가장 중요한 것은 평강이라고 생각합니다. 돈보다 중요한 것이 평강입니다. 돈은 나에게 평강을 주지 않습니다. 돈을 열심히 많이 버는 것도 중요하지만, 더 중요한 것은 평강입니다. 또한 건강보다 중요한 것이 평강입니다. 연세를 생각할 때 건강을 가장 중요하게 여기는 사람이 많을 것으로 생각합니다만, 건강보다 중요한 것이 평강입니다. 또한 평강은 성공이나 명예보다 중요합니다. 집에 들어갔을 때 평강합니까? 아내와 자녀들을 보면 평강합니까? 사람에겐 이런 평강이 필요합니다.

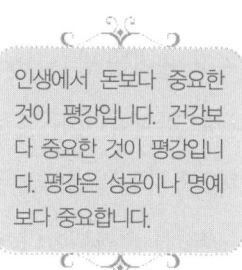

인생에서 돈보다 중요한 것이 평강입니다. 건강보다 중요한 것이 평강입니다. 평강은 성공이나 명예보다 중요합니다.

인생의 마지막을 혼자 가면 힘이 듭니다. 혼자 죽는 것은 외롭습니다. 하나님과 함께 죽음을 맞이해야 합니다. 인생에서 중요한 것은 속도가 아닌 방향이고, 성취가 아니라 보람이고, 쾌락이 아니라 감동이고, 소유가 아니라 나눔입니다. 또한 과거가 아닌 미래가 중요합니다.

하나님을 만나면 누리는 참된 행복

이제 마지막으로 두 가지 질문을 하겠습니다. 당신은 아버지를 기억합니까? 당신을 낳으시고, 기르시고, 사랑하셨던 아버지를 한번 떠올려 봅시다. 당신의 아버지는 매를 들었던 무서웠던 분입니까? 야단치고 혼내는 방식으로 사랑을 표현했던 분입니까? 아니면 인자한 모습이 기억납니까? 그것도 아니라면 자녀에게 무관심한 아버지였습니까? 혹시 아버지의 얼굴이 기억조차 나지 않습니까?

두 번째 질문입니다. 당신 자녀가 떠올리는 아버지의 모습이 어떨 것이라고 생각합니까? 자녀가 다가오기 어려운 엄한 아버지입니까? 아니면 실수나 허물, 잘못을 했더라도 망설이지 않고 달려올 수 있는 아버지입니까? 또한 아내가 보는 남편은 어떤 모습입니까? 사랑 많고 자랑스러운 남편입니까? 어렵고 힘들 때 보호하고 위로해 주는 따뜻한 남편입니까? 그리고 직장에서 아랫사람들이 보는 당신의 모습은 어떤 것입니까?

얼굴은 인격입니다. 당신은 자신의 얼굴에 책임을 져야 할 나이가 되었습니다. 나는 무엇보다 먼저 당신이 하나님의 얼굴을 만나기를 바랍니다. 하나님께서 그분의 얼굴을 우리에게 보여 주겠다고 약속하셨기 때문입니다. 그리고 당신 스스로 자신의 얼굴을 만들어 가길 바랍니다. 내가 내 아버지한테 배웠던 그 얼굴, 그 얼굴은 내가 내 자녀를 보는 얼굴로 나타납니다. 자녀가 당신을 자랑스러운 아버지로 바라보기를 원합니다. 아내가 당신을 격려하고 축복하며 자신을 보호해 주는 존재로 인정하기를 바랍니다. 그런 멋진 남편의 얼굴로 남은 생애를 평안하고 보람 있게, 의미 있게 사시기를 축원합니다. 그러기 위해서 우리는 하나님을 만나야 합니다.

둘째 날
아버지의 사랑

어긋나기 쉬운 관계, 아버지와 아들

아버지는 가슴속 깊은 곳에 자녀에 대한 사랑을 가지고 있습니다. 하지만 그 사랑을 표현하는 방법이 좀 다른 것 같습니다. 딸에 대해선 부드럽고 너그럽게 사랑을 나타내는 반면, 아들에게는 강하고 엄하게 대하기가 쉽습니다. 특히 맏아들을 대할 때는 무섭고 엄격해서 아들이 아버지를 오해하고 상처받는 경우가 많습니다. 어쩌면 아버지 본인이 그런 대우를 받고 자랐기 때문에 무의식적인 영향을 받아서 그런 게 아닌가 하는 생각이 듭니다. 또한 아버지 노릇을 처음 하기 때문에 교과서적으로 아들을 다루는 경향도 있습니다.

그럼에도 어떻게 표현되든 간에 아버지의 사랑은 똑같다고 생각합니다. 아들을 무섭고 엄하게 대한다 해도 아버지는 내심 아들을 사랑하고 있을 것이기 때문입니다. 성경에도 아버지와 아들에 대한 아주 유명한 비유가 있습니다. 바로 탕자의 비유입니다.

탕자 아들을 둔 아버지의 아픔

한 아버지에게 두 아들이 있었습니다. 첫째는 아주 순종적이었습니다. 성경을 읽어 보면 그는 아버지에게 반항하기를 포기하고 그냥 순종하기로 결정한 것 같기도 합니다. 반면에 둘째는 아버지한테 할 말 다하고, 싫은 소리도 하며 대들었던 것 같습니다. 한마디로 말하면 망나니라고 할 수 있습니다.

그런데 어느 날 둘째아들이 아버지에게 와서는 아주 무리한 요구를 했습니다. 자기 몫의 유산을 달라는 것이었습니다. 아버지가 죽은 것도 아닌데 유산을 달라고 하다니 말도 안 되는 소리였습니다. 성경은 이 문제에 대해 여러 말을 생략하고, 아버지가 둘째아들에게 그의 몫을 주었다고 말합니다. 여기서 그 행간에 담겨 있는 몇 가지 의미를 생각해 보겠습니다. 사실 아버지는 돈을 줄 경우 아들이 더 나빠지리라는 것을 알았을 겁니다. 아버지는 아들이 아무런 준비가 되어 있지 않으므로 그에게 재산을 준다는 것이 얼마나 위험한지를 알고 있었습니다. 그런데도 아들에게 돈을 주었습니다. 아버지는 아들이 너무 귀찮게 대들어서 더 이상 싸울 힘이 없었을 것입니다.

어찌 되었든 아들은 유산을 받자마자 인사도 하지 않고 뺑소니를 치듯 다른 나라로 가 버렸습니다. 그리고 얼마 후 모든 돈을 탕진하고 말았습니다. 돈은 벌기 어렵고, 쓰기 어렵고, 주기 어렵다고 해서 돈의 삼난(三亂)이라고 하는데, 결국 아들은 돈을 다 잃고 말았습니다. 그리고 나자 아들은 불쌍한 신세로 전락하고 말았습니다. 그 많던 친구도 여자도 모두 떠나고 비참한 처지가 되고 말았습니다. 돈이 떨어져 굶게 되자 아들은 돼지 치는 일을 하게 되었습니다. 그리고 돼지가 먹는 쥐엄 열매로 배를 채워야 했습니다.

둘째아들이 인생의 밑바닥 경험을 하면서 절실하게 생각난 사람이 누구인지 압니까? 그건 바로 아버지였습니다. 극심한 고난을 겪게 되자 아들은 아버지를 기억하게 됩니다. 전후좌우 어디를 둘러봐도 자신을 도와줄 사람이 없을 때 생각난 것이 바로 아버지였습니다. 사람도 마찬가지입니다. 사람은 인생의 고난을 겪을 때, 아무런 도움 받을 곳이 없을 때 하나님을 생각하게 됩니다.

하와이에서 안식년을 보내고 있을 때였는데, 샷비로라는 유대인 한 명을 알게 되었습니다. 그의 아내는 뉴욕에서 교수로 일하며 잘 살고 있었는데, 자녀교육을 위해 하와이로 이사를 왔다고 했습니다.

그는 우리 부부에게 "자녀를 절대로 노엽게 하지 말라"고 당부했습니다. 그리고 "아버지가 힘이 있을 때엔 아들이 굴복할지 모르지만 아들에게 힘이 생기면 아버지를 떠난다. 아들이 밖에서 매를 맞고 와도 환영해 주고, 절대로 욕하거나 때리지 말고 박대하지 말라. 아무리 잘못을 했어도 부모는 아들을 받아 주고, 또 받아 줘야 한다"는 것이었습니다. 그러면 나이가 들어도 아들은 집으로, 아버지 품으로 돌아온다는 것이었습니다. 그 말이 정말 맞는 것 같습니다. 밖에서 죽으면 죽었지 무섭게 대하는 아버지에게 돌아갈 아들이 어디 있겠습니까? 그렇습니다. 아버지는 아들이 고난을 겪을 때, 병에 걸렸을 때, 위기에 부딪혔을 때 기억나는 사람이어야 합니다.

> 부자지간에 미안하다는 말은 누가 먼저 해야 하는지 압니까? 아버지입니다. 그것이 아버지의 사랑이고 능력입니다.

성경에서 둘째아들은 아버지를 생각하고, 기억하고, 삶의 희망을 가지게 되었습니다. 용기를 내서 '그래, 품꾼으로 산다 해도 아버지 집으로 돌아가자'라고 결심했습니다. 그리고 아들은 아버지의 집으로 향합니다.

여기서 잠깐 아버지의 마음이 어떠했을지 생각해 봅시다. 아버지는 엄청난 배신감을 느꼈을 것입니다. 둘째아들이 자기 돈을 가져간 것은 두 번째 문제이고, 아버지 가슴에 못을 박고 상처를 주고 떠난 것입니다. 하지만 그런 아들인데도, 아들 없는 세상은 암흑이고 절망이었습니다. 아무리 맛있는 음식이 있고, 돈이 많고, 명예를 가졌어도 자기 가슴에 칼을 꽂고 떠나간 아들만 생각하면 견딜 수가 없었습니다. 아버지는 좋은 것을 보면 아들이 더 간절하게 생각났을 것입니다.

그런데 드디어 아들이 돌아왔습니다. 성경은 "아직도 거리가 먼데 아버지가 그를 보고 측은히 여겨 달려가 목을 안고 입을 맞추니"(눅 15:20)라고 말씀합니다. 사실 아버지는 아들이 떠난 순간부터 아들을 기다렸습니다. 거리가 멀어 알아보기 힘들었는데도 아버지는 아들을 알아보았습니다. 예전의 귀티 나는 모습은 온데간데없고, 옷은 다 떨어지고, 얼굴도 시커멓게 되어 거지꼴을 하고 있는 아들, 그런 아들을 알아봤던 것입니다.

여기서 잠깐 생각해 봅시다. 아들이 먼저 아버지를 발견했습니까, 아니면 아버지가 아들을 먼저 발견했습니까? 아버지였습니다. 아버지는 아들이 떠난 순간부터 그가 언젠가 돌아오리라 생각하며 기다렸습니다. 문을 열어 놓고 세월을 보냈을 것입니다. 아들이 사라졌던 길목을 아침저녁으로 힐끔힐끔 쳐다봤을 것입니다. 큰아들이 눈치 채지 못하게 말입니다. 그리고 아들을 발견하자마자 아버지는 뛰어나가 그를 껴안고 입을 맞추었습니다.

용서는 아버지의 몫

 60을 넘긴 아버지 중 혹시라도 아들과 사이가 좋지 않은 사람이 있습니까? 그렇다면 꼭 화해하기를 바랍니다. 방법은 한 가지뿐입니다. 잘잘못을 따지지 말고 그냥 받아 주어야 합니다. 용서는 아버지 편에서 할 수 있는 것입니다. 힘이 있는 사람이 먼저 화해를 해야 합니다. 무조건 용서하고 받아들여야 합니다. 과거를 묻지 말고 그냥 땅에 묻어야 합니다. 훈계해선 안 됩니다. 오히려 아들이 사랑받고 있다는 사실을 느끼도록 해 주어야 합니다.

 부자지간에 미안하다는 말은 누가 먼저 해야 하는지 압니까? 아버지입니다. 그것이 아버지의 사랑이고 능력입니다. 아들은 용서를 구할 능력이 없습니다. 아들과 화해하지 못한다면 죽을 때까지 행복이 없습니다. 반드시 화해해야 합니다. 성경에 보면 이런 표현이 있습니다.

> "아버지는 종들에게 이르되 제일 좋은 옷을 내어다가 입히고 손에 가락지를 끼우고 발에 신을 신기라 그리고 살진 송아지를 끌어다가 잡으라 우리가 먹고 즐기자 이 내 아들은 죽었다가 다시 살아났으며 내가 잃었다가 다시 얻었노라 하니 그들이 즐거워하더라" (눅 15:22-24).

화해할 때 사랑 외에는 다른 방법이 없습니다. 용서 외에는 사람을 변화시킬 방법이 없습니다. 좋은 말로 훈계하고, 도덕을 외쳐도 사람은 변하지 않습니다. 오늘날 우리 사회가 변하지 않는 것은 모든 사람이 정의를 말하기 때문입니다. 정의는 칼입니다. 법으로는 사람이 변하지 않습니다. 사람을 변화시키는 건 용서와 사랑입니다. 덮어 주고 감싸 주며 받아들이는 것입니다. 그럴 때 사람은 눈물을 흘리고 회개합니다.

그러면 성경 본문에 나오는 아버지는 왜 아들을 사랑했습니까? 첫 번째는 자기 자식이기 때문입니다. 남의 자식이면 그렇게 하겠습니까? 내 피붙이니까 포기하려 해도 포기할 수 없고, 잊어버리고 싶어도 잊어버릴 수 없는 것입니다. 피붙이란 말은 내 유전인자를 지녔다는 말입니다. 사진을 찍어 보면 아버지와 아들은 비슷합니다. 이상하게도 내 아들을 보면 그 속에 내가 있고, 아버지를 보면 아버지 속에 내가 있습니다. 그래서 같은 유전인자를 가진 자기 자식을 사랑할 수밖에 없습니다. 남의 자식이었다면 그렇게까지 가슴앓이를 하지 않았을 것입니다. 내 자식이니까 그런 일이 가능한 겁니다.

> 사람을 변화시키는 건 용서와 사랑입니다. 덮어 주고 감싸 주며 받아들이는 것입니다. 그럴 때 사람은 눈물을 흘리고 회개합니다.

두 번째는 용서했기 때문입니다. 사랑한다고 말하면서도 좋지 않은 감정을 표현한다면, 그건 용서하지 않은 것입니다. 성경에 나오는 아버지는 아들이 자신을 떠난 순간부터 이미 용서하기로 결정했던 것입니다. 용서하면 분노가 사라집니다. 우리는 용서하지 않는 사랑을 하기 때문에, 사랑하면서도 때리고 화내고 야단을 치는 겁니다. 그러나 용서하면 그냥 사랑해야 합니다. 당신 또한 자녀를 다 용서할 수 있기를 바랍니다.

세 번째는 대가를 치렀기 때문입니다. 아들이 떠난 이후 아버지는 밤마다 눈물 흘리고 가슴을 찢어 가며 고통스러워했을 겁니다. 고통은 곧 사랑입니다. 희생 없는 사랑은 감상일 뿐이며, 대가를 치르지 않은 사랑은 능력이 없습니다. 진짜 사랑은 고생하고 눈물 흘리며 밤을 지새는 대가를 치러야 합니다.

하나님은 왜 우리를 사랑하실까

탕자를 받아들였던 아버지처럼, 우리를 받아들이는 분이 계십니다. 바로 하나님이십니다. 태양의 존재를 믿거나 말거나 태양은 존재하듯, 당신이 하나님을 믿거나 말거나 그분은 계십니다. 안 믿는다고 해서 하나님이 사라지는 것이 아닙니다. 니체는 하나님이 죽었다고 했지만, 실은 하나님이 죽은 것이 아니라 니체 안에 있는 하나님이 죽었을 뿐입니다. 하나님은 살아 계십니다. 그리고 바로 그 하나님이 우리를 사랑하십니다.

하나님은 왜 우리를 사랑하시는 걸까요?

그건 하나님이 우리를 만드셨기 때문입니다. 우리 안에 하나님의 DNA가 있습니다. 그래서 하나님은 죽고 못살 정도로 우리를 사랑하시는 겁니다. 그분은 절대로 우리를 버리지 않으십니다. 하나님은 자기 모양과 형상으로 우리를 만드셨기 때문에, 아버지가 자식을 사랑하듯 우리를 사랑하십니다.

가장 기분 나쁜 질문은 무슨 띠냐고 묻는 겁니다. 개띠인데, 누가 물어보면 사람띠라고 대답합니다. 우리는 개나 소 같은 짐승이 아닙니다. 그런데도 인간을 짐승에 비유하는 것은 어쩌면 인간이 짐승과 닮았기 때문인지도 모르겠습니다. 사실 인간 안에 도덕과 양심, 영혼을 빼 버리면 짐승과 다를 게 뭐가 있습니까? 다 짐승 같은 본능으로 살 것입니다. 하지만 사람이 사람다운 것은 하나님이 계시기 때문입니다. 우리는 하나님의 형상으로 지음 받은 신적 존재입니다. 자식이 부모의 DNA를 가지고 있듯, 우리는 하나님의 DNA를 가졌습니다. 하나님이 우리를 만드셨으므로 우리 마음속에 그분의 DNA가 있습니다. 그래서 우리는 하나님의 존재를 알고, 그분을 닮아 갈 수도 있는 것입니다.

또한 하나님이 당신을 버리시지 않는 것은, 우리가 자식을 포기할 수 없는 것과 같습니다. 60이 넘은 나이에 교회에 나오는 것만 봐도 하나님이 당신을 포기하지 않으셨다는 증거입니다. 이 자리는 부탁을 받았다고 해서 나올 수 있는 자리가 아닙니다. 냉면 한 그릇 얻어먹었다고 해서 나오는 자리도 아닙니다. 이 자리에 나오게 된 것은 하나님의 섭리입니다. 하나님이 당신을 사랑하시기 때문에 이 자리까지 불러 주신 겁니다.

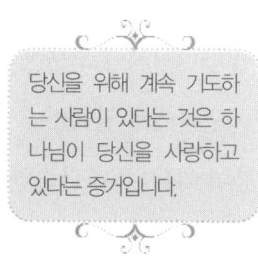
당신을 위해 계속 기도하는 사람이 있다는 것은 하나님이 당신을 사랑하고 있다는 증거입니다.

또 다른 증거가 있습니다. 누군가가 당신을 위해 기도하고 있다는 것입니다. 그는 아내나 딸, 아들일 수 있습니다. 친구일 수도 있습니다. 당신을 위해 계속 기도하는 사람이 있다는 것과 당신이 못 이기는 척하고 여기에 온 것은 하나님이 당신을 사랑하고 있다는 증거입니다. 진짜로 하나님이 우리를 만드신 거라면 아버지가 아들을 포기하지 않듯, 하나님도 우리를 포기하시지 않습니다. 이것이 하나님의 사랑입니다. 하나님은 문을 열어 놓고 기다리고 계십니다. 하나님은 당신을 사랑하므로 고통스런 대가를 치르셨습니다. 그것은 바로 아들인 예수 그리스도를 십자가에 못 박혀 죽게 하신 것입니다.

아내, 아들, 딸, 며느리가 간절하게 당신이 하나님을 만나기 원하는 것은 단순히 인간적인 소원만은 아닙니다. 그것은 바로 하나님이 당신을 사랑하신다는 증거입니다. 이 시간 당신이 하나님을 만날 수 있길 바랍니다. 이 짧은 시간에 하나님을 만날 수 있다고 생각합니까? 하나님을 보거나 목소리를 들을 수도 없는데, 어떻게 만날 수 있단 말입니까? 의심스럽습니까? 잘 기억하고 있어야 합니다. 하나님은 인간이 아니시지만 그분은 우리의 눈과 귀, 입을 만드신 분입니다.

우리에게 인격이 있듯, 하나님께는 신격이 있습니다. 하나님은 우상이 아닙니다. 단순한 종교가 아닌 실체이십니다. 그분은 살아 계십니다. 그래서 우리가 하나님을 만나는 방법은 인격적이어야 합니다. 어떻게 만날 수 있습니까? 아주 쉽습니다. "하나님!"이라고 말하면 다 들으십니다. 그걸 기도라고 합니다. "지금까지 하나님 없이 살아 왔지만 이제 하나님을 알고 싶습니다. 정말 계신다고 믿고 싶습니다. 이제 내 인생의 마지막을 하나님과 함께 보내고 싶습니다. 도와주십시오"라고 기도해 봅시다. 그러면 하나님은 당신을 찾아오십니다. 당신이 하나님을 알고 이해하고 느끼도록 하실 겁니다.

하나님은 지금 당신을 기다리고 계십니다. 문을 열어 놓고 탕자인 아들이 오늘이나 내일 돌아오리라는 것을 믿고 기다리는 아버지처럼 하나님은 당신을 기다리십니다.

"하나님 아버지, 그동안 하나님 없이 혼자 살아 왔습니다. 나 자신을 믿고 살아 왔지만 이제는 하나님을 알기 원합니다. 만나기를 원합니다. 도와주십시오. 이제 인생의 후반전을 하나님과 함께하며, 영원을 바라보며 살고 싶습니다. 60 평생을 살아 오면서 허물도 잘못한 것도 많았습니다. 이 모든 것을 용서하시고 지워 주십시오. 그리고 남은 생애를 하나님과 함께 깨끗하게 살고 싶습니다. 남은 날을 의롭게, 남을 용서하고 사랑하며 살고 싶습니다. 내 자녀 또한 축복해 주십시오."

혹시 이런 마음을 가졌습니까? 그러면 그 마음을 그대로 고백하기 바랍니다. 그때 하나님은 당신을 안아 주시고, 환영해 주실 겁니다. 이제 당신은 하나님과 더불어 축복의 삶을 살게 될 겁니다.

아버지의 집

살아갈수록 돌아가고픈 고향 옛집

사람은 누구나 태어나고 자란 집이 있습니다. 그리고 나이가 들면 들수록 옛날 음식과 예전에 살던 집이 그립습니다. 사실 집은 우리의 안식처이자 삶을 재충전하는 곳이며, 삶에 대한 희망을 쌓아 가는 곳입니다. 여기에서 집은 건물 자체가 아닌 가정을 의미합니다. 집은 언제나 좋습니다. 아마도 그곳에 정성이 들어간 따뜻한 음식이 있기 때문일 겁니다. 고급 식당이나 아무리 좋은 호텔이라 해도 오랫동안 그곳 음식을 먹으면 지겹습니다. 하지만 물에 말아서 김치만 얹어 먹는다 해도 집에서 먹는 밥은 맛있습니다. 또한 집이 좋은 건 잠자리가 있기 때문일 겁니다. 피곤하고 지쳐 있을 때 쉴 수 있는 곳, 집이 바로 그런 곳입니다. 집에는 특별한 의미가 들어 있습니다. 해가 뜨면 나갔다가 해가 지면 돌아오는 곳, 그런 집이 없다면 고향이 없는 것과 마찬가지입니다. 고향 하면 생각나는 노래가 있습니다.

나의 살던 고향은 꽃피는 산골 / 복숭아꽃 살구꽃 아기진달래 /
울긋불긋 꽃 대궐 차린 동네 / 그 속에서 놀던 때가 그립습니다 /
꽃동네 새동네 나의 옛 고향 / 파란 들 남쪽에서 바람이 불면 /
냇가에 수양버들 춤추는 동네 / 그 속에서 놀던 때가 그립습니다 /

〈고향의 봄〉은 이원수 선생이 열다섯 살 때 자기 고향인 창원을 생각하며 지은 시에 곡을 붙인 것입니다. 그는 붉은 진달래로 가득한 산을 그리워하면서 고향의 봄을 직사했습니다. 고향은 그냥 그리운 것입니다. 나이가 들수록 고향이, 부모님이, 옛집이 더욱 생각납니다. 당신은 지금 어디에 살고 있습니까? 혹시 풀이나 꽃, 나무 한 그루를 심을 수 있는 마당이 있는 집입니까? 아니면 아파트에서 삽니까? 그 집에서 가족들과 함께 삽니까, 아니면 부부만 혹은 혼자서 삽니까? 당신이 사는 곳은 house입니까, 아니면 home입니까? 대궐같이 큰 집이라 해도 여관 같을 수 있고, 단칸 셋방이라 해도 서로를 위해 희생하며 사는 가족과 함께라면 행복이 가득한 집이 될 수 있습니다.

어찌 됐든 하루해가 지면 돌아가야 할 곳이 집입니다. 그러면 당신은 70, 80 평생을 살다가 돌아갈 집이 있습니까? 우리 영혼이 가야 할 곳이 어디입니까? 이는 한 번쯤 진지하게 생각해 봐야 할 문제입니다. 우리 인생도 언젠가 끝날 텐데, 죽은 후에 어디 갈 데가 있습니까? 우리도 영혼 없는 짐승처럼 죽으면 모든 것이 끝나는 걸까요? 아니면 죽음 이후에 영혼이 가야 할 집이 따로 있는 걸까요?

이 정도 나이가 되면 집 한 칸은 있을 것입니다. 어쩌면 자녀에게 집을 물려준 사람도 있을 겁니다. 그런데 집은 그냥 생긴 것이 아니라 수고하고 피땀을 흘려 마련한 것입니다. 이렇게 수고해서 얻은 집보다 더 중요한 집이 있습니다. 바로 우리 영혼이 갈 집입니다. 이 집은 우리가 이 지상에서 어떻게 사느냐에 따라 결정됩니다. 그럼 당신은 죽음 이후에 대해 어떤 준비를 하고 있습니까?

영원한 아버지 집, 천국 문을 여는 비결

죽음 이후를 생각하는 것은 참으로 중요합니다. 그래서 생명보험, 건강보험에 드는 것보다 더 중요한 천국보험에 들라고 말하고 싶습니다. 천국보험이란 곧 구원의 보험입니다.

예수님은 "너희는 마음에 근심하지 말라 하나님을 믿으니 또 나를 믿으라"(요 14:1)고 하셨습니다. 이 말씀은 항상 새롭게 다가옵니다. 사실 우리 인생에는 근심이 너무 많습니다. 당신은 걱정과 근심이 있을 때, 외롭고 힘들 때, 병들었을 때, 죽음이 가까워짐을 느낄 때 누구에게 속마음을 털어놓습니까? 십자가에 못 박혀 돌아가시기 직전, 그 힘든 순간에 예수님은 제자들에게 "근심하지 말라 하나님을 믿으니 또 나를 믿으라"고 말씀하셨습니다. 당신도 이 말씀처럼 하기를 바랍니다.

예수님은 인생을 살면서 근심과 걱정이 많았던 당신을 향해 "너희는 마음에 근심하지 말라"고 말씀하십니다. 준비된 사람은 근심하거나 두려워하지 않습니다. 위기가 닥치고 죽음이 엄습한다 해도 준비된 사람은 두려워하지 않습니다. 하지만 죽음을 준비하지 않는 사람은 두려워합니다. 그러면 예수님은 왜 제자들에게 근심하거나 두려워하지 말라고 하셨을까요? 그것은 바로 "내 아버지 집에 거할 곳이 많도다"(요 14:2)라는 말씀 때문입니다.

> 사람에게 죽음은 끝이 아닌 영혼을 여는 또 하나의 문입니다. 우리에겐 영원한 세계가 기다리고 있습니다. 이것을 준비해야 합니다.

우리는 허무와 절망, 좌절로부터 벗어날 수 있습니다. 우리에겐 "죽은 후 거할 집, 돌아갈 집"이 있습니다. 이 집이 바로 천국입니다. 만약 천국이 있다면 누구라도 가고 싶어 할 것입니다. 천국을 거절할 사람은 아무도 없습니다. 만약 지옥이 있다면 지옥에 가고 싶어 하는 사람은 한 명도 없을 것입니다.

그러면 천국엔 누가 가겠습니까? 일반적으로 잘못 생각하는 것이 하나 있는데, 천국은 착하고 의롭고 좋은 사람이 가는 곳이고 지옥은 악하고 불의하고 부정직하며 못된 사람이 간다는 생각입니다. 그래서 어떤 사람은 "지금 지옥은 만원이다"라고 말합니다. 하지만 이것은 지극히 불교적인 생각입니다. 불교에서는 "적선하십시오"라고 말하면서 선을 쌓으면 극락에 간다고 합니다. 그러면 착한 사람은 천국 가고 나쁜 사람은 지옥에 갑니까? 아닙니다.

아주 쉬운 예를 하나 들어 보겠습니다. 예배를 마치고 가족들과 어디로 갈 생각입니까? 대부분 집으로 갈 겁니다. 이것은 매우 중요한 사실인데, 회사로 안 가고 호텔로 안 가고 집으로 갑니다. 왜 집으로 갈까요? 내 집이니까, 우리 아버지의 집이니까 가는 겁니다. 착한 일을 해야 집에 갈 수 있습니까? 아닙니다. 가다가 술 한 잔 걸치고 한바탕 싸움을 했다 해도 결국에는 집으로 갑니다. 그런 곳이 집입니다. 집은 착한 일을 했기 때문에 가는 곳이 아닙니다. 당신이 나쁜 짓을 하고 형무소에서 20년 살았다고 합시다. 그래도 형기를 마치고 나오면 어디로 갑니까? 집으로 갑니다. 그런 게 바로 집입니다.

이처럼 천국은 착한 사람이 가는 곳이 아니라 하나님이 내 아버지인 사람, 하나님에게 소속된 사람만 갈 수 있는 곳입니다. 그럼 지옥은 누가 갑니까? 나쁜 사람이 가는 곳이 아니라 마귀의 자식들이 가는 겁니다. 이것이 천국과 지옥의 차이입니다.

열심히 착하게 살고 모범적으로 산다고 해서 아무 아이나 우리 집에 들이지 않습니다. 장학금을 주거나 칭찬을 해 줄 수는 있지만, 그렇다고 해서 내 집에 들이진 않습니다. 아무리 못되고 허랑 방탕한 자식이라 해도 자식은 내 집에 들입니다. 왜 그렇습니까? 내 자식이니까 그렇습니다.

오늘 일을 마치면 내 집에 돌아가듯, 생애를 마친 뒤 천국에 갈 수 있다고 확신합니까? 어느 날엔가 생명이 끝나고 그 육신은 싸늘하게 식을 것입니다. 인생은 그렇게 끝나고 맙니다. 하지만 사람은 짐승이 아니기에 그것으로 끝나지 않습니다. 짐승과 달리 사람에겐 영혼이 있습니다. 그래서 사람들은 하나님을 부릅니다. 하나님을 찾고 믿습니다. 사람에게 죽음은 끝이 아닌 영혼을 여는 또 하나의 문입니다. 우리에겐 영원한 세계가 기다리고 있습니다. 이것을 준비해야 합니다.

그럼 어떤 준비를 해야 할까요? 천국에 들어가는 데는 "나를 믿는 자는 죽어도 살겠고 무릇 살아서 나를 믿는 자는 영원히 죽지 아니하리니"(요 11:25-26)라는 말씀처럼 확실한 보증이 필요합니다. 당신이 죽은 후에 하나님의 집, 영원한 아버지의 집에 들어갈 수 있다는 보증이 필요합니다. 천국에 가는 방법, 그것은 하나밖에 없습니다.

> "영접하는 자 곧 그 이름을 믿는 자들에게는 하나님의 자녀
> 가 되는 권세를 주셨으니"(요 1:12).

하나님의 자녀가 될 때 당신은 하나님의 집에 들어갈 수 있습니다. 마귀의 자녀는 마귀 집으로 갑니다. 그것뿐입니다. 나는 여기 모인 사람들 모두 하나님의 자녀가 되길 바랍니다.

깊어지는 사랑의 방정식

남자가 여자를 사랑할 때, 그 여자의 모든 것을 알고 사랑합니까? 만약 그렇다면 60세가 넘어야 결혼할 수 있을 겁니다. 아니 다 알고 결혼해야 한다면 평생 결혼할 수 없을지도 모릅니다. 그냥 보고 사랑한다고 느끼고 결혼을 결정하는 겁니다. 그리고 아기를 낳고 사는 겁니다. 하나님을 믿을 때도 마찬가지입니다. 다 알고 나서 하나님을 믿는 사람은 없습니다. 그냥 당신 마음속에 하나님을 인정하고 믿겠다고 생각하며 결심하는 것입니다. 그때 하나님은 당신에게 개입하시기 시작합니다. 역사하시기 시작합니다.

사실 결혼식에서 혼인 서약을 했다고 해서 결혼이 완성되는 것은 아닙니다. 그때부터 부부는 함께 살아가기 시작합니다. 당신도 이제

부터 하나님을 알아 가게 될 것입니다. 하나님을 경험하면서 그분의 존재를 깨닫기 시작할 겁니다. 지금은 시작에 불과합니다. 그러므로 모든 것을 다 알려고 서둘러서는 안 됩니다. 당장 모든 것을 완성할 수는 없습니다. 지금 당신은 천국의 길에 막 들어선 것뿐입니다.

> "내 아버지 집에 거할 곳이 많도다 그렇지 않으면 너희에게 일렀으리라 내가 너희를 위하여 거처를 예비하러 가노니 가서 너희를 위하여 거처를 예비하면 내가 다시 와서 너희를 내게로 영접하여 나 있는 곳에 너희도 있게 하리라"(요 14:2-3).

이 말은 "내가 십자가에 못 박혀 죽는 데는 두 가지 이유가 있다. 너희를 위해 천국을 예비하러 가기 위해서다. 그리고 준비한 뒤 다시 와서 너희를 내게로 영접하기 위해서다"로 요약할 수 있습니다.

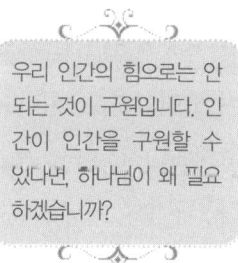

우리 인간의 힘으로는 안 되는 것이 구원입니다. 인간이 인간을 구원할 수 있다면, 하나님이 왜 필요하겠습니까?

예수님의 죽음은 그분이 죽음으로써 우리가 가야 할 집을 준비하시겠다는 겁니다. 그리고 준비하면 다시 와서 우리를 "내게로 영접"하겠다는 말씀입니다.

좀 더 쉽게 예를 들어 말하겠습니다. 우리 세대는 '수영' 하면 조오련 선수를 떠올립니다. 그는 현해탄을 헤엄쳐서 건넜습니다. 영국에서 한 3년을 살았는데, 신문에 가끔 도버 해협을 헤엄쳐서 건넜다는 기사가 났습니다. 수영을 잘하면 한강이나 현해탄, 도버 해협을 건널 수 있습니다. 하지만 수영을 아무리 잘해도 태평양을 건너지는 못합니다. 만약 "난 수영을 잘하니까 태평양을 건널 수 있어"라고 말하는 사람이 있다면 어딘가 좀 모자라거나 잘못된 사람일 겁니다. 착하게 사는 것도 이와 비슷합니다. 선(善)으로 천국에 갈 수 있는 사람은 없습니다.

가끔 올림픽에서 높이뛰기나 넓이뛰기를 하는 걸 보면 사람이 어떻게 그렇게 멀리 뛰고, 높이 뛰는지 감탄을 금할 수가 없습니다. 하지만 올림픽에서 금메달을 딴 선수라 해도 백두산을 뛰어넘지는 못합니다. 구원이란 그런 것입니다. 우리 인간의 힘으로는 안 되는 것이 구원입니다. 인간이 인간을 구원할 수 있다면, 하나님이 왜 필요하겠습니까? 내가 죽지 않을 수만 있다면 하나님이 왜 필요하겠습니까? 그러나 우리는 죽을 수밖에 없는 존재이고, 우리 인간은 자신을 구원하지 못합니다.

미국에 가고 싶을 때 비행기를 타야지 내 팔을 흔들어 날아갈 수는 없습니다. 비행기를 탄 뒤에 좀 더 빨리 가겠다고 그 안에서 뛰는 사람이 있습니까? 그냥 가만히 앉아 비행기에서 주는 음식을 먹고 있으면, 비행기가 로스앤젤레스까지 데려다 줍니다. 구원도 마찬가지입니다. 천국은 우리 힘으로 갈 수 없습니다. 우리의 노력으로, 선행으로, 철학으로 갈 수 없습니다. 당신이 수양하거나 다른 종교를 믿는다고 해도 천국은 못 갑니다. 갈 수 있는 길은 오직 하나, 예수님이라는 비행기를 타는 것입니다. 그분이 우리를 목적지까지 데려다 주십니다. 그래서 예수님은 "내가 곧 길이요 진리요 생명이니 나로 말미암지 않고는 아버지께로 올 자가 없느니라"(요 14:6)고 말씀하신 겁니다.

마지막으로 다시 한 번 말씀드립니다. 구원에서 필요한 것은 길을 찾는 것입니다. 인생에서 방황은 끝이 없습니다. 죽을 때까지 방황만 하겠습니까? 구원의 길은 하나입니다. 다른 길은 없습니다. 기독교만이 길이라고 주장하는 것에 대해 오만한 독선이라고 반박하는 사람들도 있습니다. 하지만 아무리 말해도 진리는 하나입니다. 하나님은 한 분이십니다. 이 진리에 도달해야 합니다. 생명이신 예수 그리스도를 받아들이길 바랍니다.

인생의 후반전에서 앙코르 박수를 받고 무대에 다시 서게 되기를 바랍니다. 제2의 인생을 축복 속에서 시작하기를 바랍니다. 당신으로 인해 아내와 자녀가 행복하게 되기를 바랍니다. 믿음으로 영혼을 잘 준비해 천국까지 가기를 바랍니다. 이제 우리는 하나님을 받아들여야 합니다. 예수 그리스도를 믿음으로써 하나님을 받아들이길 바랍니다. 건강도, 명예도, 돈도, 가문도 한계가 있습니다. 그런 것은 세월이 지나면 아무것도 아닌 것이 되고 맙니다. 남는 것은 오직 하나님뿐입니다. 그리고 하나님께로 가는 길은 예수님뿐입니다. 길이요,

진리요, 생명이신 예수님을 통하지 않고는 하나님께로 갈 사람이 아무도 없습니다.

Propose DREAM OF LIFE

온누리교회 맞춤전도집회에 대한 녹화 내용을 보시기 원하는 분은
http://www.cgntv.net/congregation/ 에 들어가 좌측 메뉴의
맞춤전도집회를 클릭하여 원하는 집회를 선택하여 보시기 바랍니다.
맞춤전도가 널리 선용되길 기도합니다.